FANYU

管子思想
与企业转型升级

范庆骅 ◎ 著

中国商业出版社

图书在版编目（CIP）数据

范语：管子思想与企业转型升级 / 范庆骅著. --
北京：中国商业出版社，2018.10
ISBN 978-7-5208-0590-2

Ⅰ. ①范… Ⅱ. ①范… Ⅲ. ①《管子》—应用—企业
管理—研究—中国 Ⅳ. ① F279.23

中国版本图书馆 CIP 数据核字（2018）第 213406 号

责任编辑：杜 辉

中国商业出版社出版发行
010-63180647 www.c-cbook.com
（100053 北京广安门内报国寺 1 号）
新华书店经销
廊坊市海玉印刷有限公司

*

787×1092 毫米 1/16 11.25 印张 140 千字
2018 年 11 月第 1 版 2018 年 11 月第 1 次印刷 首次印刷 12000 册
定价：39.00 元

* * * *

（如有印装质量问题可更换）

序一

智于变　慧于行

姚景源

全国"两会"期间,庆骅打来电话,说他的《范语——管子思想与企业转型升级》一书已完稿,希望我帮助把下关并作序。

自从2013年李克强总理在"两会"政府工作报告上,把中国经济转型升级确定为政府、企业重中之重的工作后,这一概念在全国便迅速升温。随后在历年的"两会"上,转型升级也依然是人大代表、政协委员们热议的话题。至于有关转型升级的书籍,也是如雨后春笋般出现在各大书店的柜台上。那么庆骅这本专著与众多同类型的书籍到底有哪些不同呢?认真阅读了书稿之后,我以为其不同之处主要体现在以下几个方面:

一、不是泛泛的宏观之谈，而是站在企业微观层面，直指问题要害。

比如刘易斯拐点对企业的挑战问题；比如互联网浪潮带来的竞争格局变化的问题，对传统管理理论的挑战问题；再如的60、70后企业家在互联网时代，在转型升级过程中的困惑与茫然等等。

二、提到问题，更给出解决问题的对策与方法。

针对企业转型升级过程中面临的企业利润下降，PPI（工业品出厂价格）下降，企业负债过高，劳动力成本上升等问题，庆骅在书中系统地给出了组织模式变革、盈利模式变革、分配模式变革和融资模式变革等答案。不仅有理念，更有方法。

三、以史为鉴，站在历史的高度指导今天的转型。

我翻阅过很多谈转型升级的文章与书籍，几乎都是大谈特谈互联网+、大数据，张嘴闭口电商、微商和工业4.0，仿佛不谈这些新词汇，人就"OUT"了。然而庆骅却反其道而行之，不仅站在历史的高度来看待今天的变革，更从古代先哲的思想中寻找能指导今天变革的理论依据、思想智慧与方法。

举目当今世界，地缘政治冲突频起，经济复苏举步维艰，金融市场震荡不定，互联网、物联网、大数据、云计算、AR/VR、3D打印、人工智能等词汇轰炸着我们的神经，知识、信息、技术的传播和应用给人类社会带来了巨大的变革……面对变化越来越快的世界，很多国家都在反思，如何才能智于变慧于行，在变革时代重塑和保持领先优势。

当然，中国也在反思。经过改革开放30多年的大发展，经济建设成就斐然，物质丰富了，国力强盛了，人民富足了，但也留下了诸多问题。比如过去中国经济的增长主要依靠大量的资本投入、大量的资源投入和大量的劳动力投入，但也带来了高能耗、高污染、产能过剩以及人口红利消失，老龄化加剧等问题，而解决这些问题的唯一出路就是思维方式的转型与技术升级的创新。

然而，企业转型不是开几次会，发几个文件就能解决的。它需要专家学者们在路径上通盘的系统思考和理论上的深入研究。只有这样才能运用系统思维为企业转型升级提供科学和方法论体系，真正做到领导引领、文化支撑，创新驱动、战略落地，最终实现的是商业模式的创新和运营模式的再造。而庆骅的这本书不仅是企业转型升级理论研究的成果之一，更是指导企业推动自身转型升级的教科书。

"互联""互通""共享""共治"，这是互联网时代的特征，任何一个国家、行业、企业乃至个体都难以置身事外而独善其身。解决中国企业转型升级难题，既需要全球视野和先进理念，也需要我们从两千多年的传统思想中汲取智慧。其实，近年来随着生产的国际化和经济全球化，东西方管理思想和理念正在相互整合，融会协同。

庆骅老弟是一位将西方管理与中国文化完美融合的研究者和实践者。多年来深入研究中国儒、道、法核心思想，尤其以管子人本与法治思想为核心，总结出适合中国企业经营的管子管理智慧思想，帮助多家企业由小到大，由弱到强。尤其其中的转型升级之道，值得所有管理者认真研读和借鉴。

"天下大势，浩浩荡荡，顺之者昌，逆之者亡。"当年，孙中山先生认识到资产阶级救国之路行不通之后发出这样的感慨。世界潮流之律声势浩大，势不可挡，如果逆势而动，必将被时代所抛弃。

姚景源

国务院研究室特约研究员
国家统计局原总经济师
著名经济学家

序二

"范式"中国功夫

陈荫三

我与庆骅相识是在10多年前北京的一次经济论坛上，当时我被这位在台上敢于直抒胸臆、观点犀利的专家所吸引。他对于中国乃至世界企业管理的深刻剖析和超凡见解，让我如同遭遇了一阵清新爽烈的海风，就像在"联合国"小花园里遇到的那场雨后春早。于是，我们在台下攀谈起来，正所谓"多叙了几言，比别人。话说不尽，重在心近"（外交部前部长李肇星诗）。

作为改革开放之后中国在企业管理方面第一批放眼看世界的专家学者，范庆骅是中国最早引进介绍西方人力资源制度、独立董事制度和私人董事会制度等西方先进管理经验的专家学者之一。应当说，他们这批人是曾经为中国经济改革开放、中西方管理文化交流做出重要贡献的人。交流当中，更让我欣喜地发现，庆骅老弟并非一位只会简单地纸上谈兵的专家，他曾经担任多家国内著名企业的独立董事或高级管理顾问，是一位将理论与实战完美结合的实战型专家。他的很多犀利的观点和独家的见解，都来自于他的企业实践当中。

后来，庆骅老弟送给了我一本他的著作《唐僧招募》，其中"建立素质模型""讨论让领导走开""品德也能测量"等观点我至今记忆犹新。再后来，又听说他的这本《唐僧招募》不但在国内几次再版成为中国经管类畅销书籍，而且还翻译成了韩文在韩国出版。作为一位长期在外交战线工作的人来说，这是我尤为高兴的。因为长期以来，我们一直在接受着西方管理的很多经验和理论，却鲜有我们自身的独特的中国式价值主张和独立思考。范庆骅的著作使我看到了中国在企业管理科研领域一缕宝贵的智慧曙光！事实上，能够成为世界认可的中国声音，不但可以把中国的智慧和声音贡献给世界，而且对于中国更好地融入世界经贸大家庭，建立真正意义的人类命运共同体，都是非常必要的。这个世界总需要一些能够看到更高更远的人，这是对世界的眺望，也是对未来的眺望，更是对规律的眺望。

近几年中国乃至世界经济的尴尬和转折，是全球有目共睹的。特别是刘易斯拐点、"互联网+"时代、高新智能科技等，给中国乃至世界未来带来的巨大变化，都使得我们不得不深入思考"企业转型升级"的课题。而事实上，早在2010年，我就听到庆骅和我谈起"中国企业转型升级已刻不容缓"的话题，那是我第一次听到"转型升级"这个新词汇。2013年，李克强总理在全国首次明确提出"企业转型升级"这一概念和号召。这使我再一次感到了庆骅老弟的智慧与远见。

毋庸讳言，中国的内需与外贸均亟待"转型升级"。转型升级不但对于中国的内贸企业尤为重要，对于外贸企业也至关重要。正如庆骅老弟所讲，按照中国简单旧有的经济模型和所谓西方经营管理经验，中国经济的红利期已经走到瓶颈。而同时，我更非常赞同他的"转型不能照搬西方、不能简单复制标杆、要向历史学习"的独特观点。

范庆骅这位一直常年从事西方企业管理研究的专家学者，能够在中华历史的长河中，努力追寻有"圣人之师"称谓的管理专家——管子的管理智慧，非常难得。这里还有非常重要的一点，那就是拥有"真功夫"的管子"九合诸侯、一匡天下"，是中国历史上少有的提出独立的社会政治经济价值主张，并身体力行组织实施，且取得巨大成功的政治家、思想家、军事家和管理学家。为此，范庆骅在国内率先提出"管学"理念，并在全国开设"管子思想与企业转型升级"的企业家专修课程，广收门徒传授"转型真功夫"。融汇古今中外管理智慧、传承中华文化古为今用。这是范庆骅的智慧之处，也是本书的价值所在！

只有融会贯通的学问，才是真学问；只有能古为今用、洋为中用的本领，才是真本领。几年来，大量企业在学习后成功地转型升级，也充分证明了范庆骅的"管学"独门秘籍的实用奇效。这些也为本书的出版奠定了大量坚实的实践检验基础。

本书真正的"范式"中国功夫，在于范庆骅在"管学"历史精粹的基础上，融汇中西方先进管理科学思想，在国内率先创造了从企业组织模式、分配模式、融资模式、盈利模式到领袖模式的一系列立体全息式的企业转型升级实战方略。这些对于正处在转型升级期的大量困惑和迷茫的企业来说，无疑是一场润物无声的及时春雨。特别是范式语言犀利深刻、幽默轻松、简洁精炼，使大家读起来酣畅痛快。

中国的企业正值青春年少，转型升级需要更多的果敢和智慧。真正的果敢是务实开拓的朴素与坚强；真正的智慧是逆流而上的眼光与敏锐。真正衰老的不是我们的躯体，而是我们的思想。真希望能够和庆骅老弟一起，"站在你们中间，编入士兵的方阵；立在你们身边，化作盾牌和利剑；走在你们前面，引领曙光的战斗！"（外交部前部长李肇星诗）

本书堪称中国企业转型升级理论系统研究的里程碑之作。在中国企业转型升级的未来之路上，相信这本书将成为企业家最好的伙伴和智囊。同样期待本书能够早日在国外出版。事实上，不仅中国，欧美西方等全球企业都面临着转型升级的重大课题。企业转型升级是一个全球关心的话题。全球企业大脑升级，才有世界的未来。中国乃至世界企业的转型升级，都需要这样的"真功夫"秘籍。

这本书，不仅属于中国，更属于全球。

世界企业管理需要中国声音！

陈萌三

外交部原工会主席
著名社会活动家
外交家

目录 Contents

第一章　为什么要转型升级　　　　　　　　　/ 1

第二章　管子思想与企业转型升级　　　　　　/ 25

第三章　转型向管子学什么　　　　　　　　　/ 39

第四章　转型的障碍　　　　　　　　　　　　/ 75

第五章　客户策略转型　　　　　　　　　　　/ 93

第六章　员工（创客）策略转型　　　　　　　/ 119

附　件　联合创作人简介　　　　　　　　　　/ 147

后　记　我以我血荐转型　　　　　　　　　　/ 162

第一章
为什么要转型升级

一、什么是转型升级

二、为什么要转型升级

一、什么是转型升级

转型升级在今天已不是陌生词汇，从2013年全国"两会"开始，转型升级已是每届"两会"必讨论的主题。至于企业家，更是逢会必讲了。但是，谈到转型升级的概念，却有很多人不完全理解，甚至是完全理解偏了。

2014年我在广东、广西、山西、河南、山东、江苏、云南和湖南等地调研、巡讲。很多政府领导和企业家不停在问我："现在上上下下都在谈转型升级，可让我们怎么转型？难道原有的行业都不干了？都去干互联网？""转型升级是针对民营企业吗？我看国有企业原来搞石油的现在还搞石油，原来搞煤炭的现在还搞煤炭，从来没看见它转型……"从上述这些疑问不难看出，尽管转型升级这个词汇已广泛被政府领导和企业家所熟知，但转型升级的概念大多数人却是茫然不知，甚至完全曲解为转行了。

既然转型升级不是转行，那么转型升级到底是什么呢？

转型升级有两个概念：首先说转型。所谓转型，是指事物的结构形态、运转模型和人们观念的根本性转变过程。不同转型主体的状态及其与客观环境的适应程度，决定了转型内容和方向的多样性。转型是主动求新求变的过程，是一个创新的过程。例如：一个企业的转型，就是决策层按照外部环境的变化，对企业的体制机制、运行模式和发展战略大范围地进行动态调整和创新，将旧的发展模式转变为符合当前时代要求的新模式。

所以，对于企业来说，转型就是管理思想的变革、管理模式的变革、运营模式的变革和商业模式的变革。

其次说升级，升级其实泛指的是技术的升级。比如近年以来，以德国为代表的欧洲发达国家率先提出了工业4.0的概念并在全世界引起广泛的关注。为

> 对于企业来说，转型就是管理思想的变革、管理模式的变革、运营模式的变革和商业模式的变革。

什么德国人提出工业4.0我们就会广泛关注呢？这是因为工业4.0概念的提出，标志着人类社会的工业制造水平已开始经进入了第四次工业革命时代。

人类社会工业制造告别手工业时代以来，已经经历了三次工业革命。

第一次工业革命是指18世纪从英国发起的技术革命，是技术发展史上的一次巨大革命，它开创了以机器代替手工劳动的时代。这不仅是一次技术改革，更是一场深刻的社会变革。

第二次工业革命是指19世纪中期,欧洲国家和美国、日本的资产阶级革命或改革的完成,并促进了经济的发展。19世纪70年代,开始了第二次工业革命,人类进入了"电气时代"。第二次工业革命极大地推动了社会生产力的发展,对人类社会的经济、政治、文化、军事、科技和生产力产生了深远的影响。

第三次工业革命是人类文明史上继蒸汽技术革命和电力技术革命之后,在科技领域里的又一次重大飞跃。第三次工业革命以原子能、电子计算机、空间技术和生物工程的发明和应用为主要标志,是涉及信息技术、新能源技术、新材料技术、生物技术、空间技术和海洋技术等诸多领域的一场信息控制技术革命。

前三次工业革命使得人类的发展进入了空前繁荣的时代。与此同时,也造成了巨大的能源和资源消耗,付出了巨大的环境代价和生态成本,也急剧地扩大了人与自然之间的矛盾。进入21世纪,人类面临空前的全球能源与资源危机,全球生态与环境危机,全球气候变化危机的多重挑战,由此引发了第四次工业革命——绿色工业革命,一系列生产函数发生从自然要素投入为特征,到以绿色要素投入为特征的跃迁,并普及至整个社会,这就是今天的工业4.0的概念。

二、为什么要转型升级

欧美发达国家已进入第四次工业革命，而我们国家工业制造又是一个什么水平呢？

2015年，中国科学院中国现代化研究中心发布其最新完成的学术研究成果《中国现代化报告2015》。报告显示，2010年中国工业经济水平比德国、荷兰、英国和法国落后100多年，比美国、丹麦和意大利落后80多年，比瑞典、挪威、奥地利、西班牙和日本落后60多年。

中科院中国现代化研究中心主任何传启研究员称，中国工业化和工业现代化最早可追溯到19世纪的"洋务运动"时期。目前，中国是一个世界工业大国和制造大国，但不是世界工业强国和制造强国。2012年中国工业和制造业规模都位居世界第一位，但工业和制造业质量只位居世界中下游，2012年中国工业和制造业劳动生产率都位居世界第50位左右。

这也就解释了为什么自2013年以来，从党中央到国务院再到各级地方政府，都在大力推动中国经济社会转型升级以及企业转型升级了。因为今天世界经济正在发生着巨大的变化，中国经济和中国企业正受到外部环境发生变化所带来的诸多挑战。而面对着如此之多的挑战，我们的

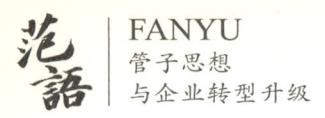

企业不转型显然已经不行了。

那么,面对一系列生产函数发生从自然要素投入为特征,到以绿色要素投入为特征的跃迁的巨大变化,中国经济社会和中国企业究竟面临着哪些挑战呢?

第一,中国经济正面临着刘易斯拐点与人口老龄化的双重挑战

所谓的刘易斯拐点,就是诺贝尔经济学奖获得者、发展经济学的领军人物,经济学家威廉·阿瑟·刘易斯(W. Arthur Lewis)在他的发展经济学理论当中提出的一个鲜明的观点:只要工业部门能够提供稍大于维持农村人口最低生活水平的既定工资,农业部门就将涌出大量劳动力至工业部门,为工业部门的扩张提供无限的劳动力供给。由于在既定工资水平上,劳动力的供给是无限的,工业部门在实际工资不变的情况下将所获得的利润转化为再投资,将规模不断扩大直到将农村剩余劳动力全部吸收完,这个时候工资便出现了由水平运动到陡峭上升的转变,经济学上称之为"刘易斯拐点"。

> 今天世界经济正在发生着巨大的变化,中国经济和中国企业正受到外部环境发生变化所带来的诸多挑战。而面对着如此之多的挑战,我们的企业不转型显然已经不行了。

比如改革开放初期,由于我们的工业企业起步晚、数量少、规模小,所以吸纳的就业岗位就少,而农村有多

达上亿的闲置劳动力可供给。所以从20世纪80年代末到21世纪初的二十多年时间里，每逢春节过后，在中国三大经济带的珠三角、长三角、黄三角地区都会爆发大规模的民工潮。由于来自广大农村的进城务工人员无限供给，导致一个岗位往往有数人或数十人去竞争。由于竞争激烈，很多人为了生存甚至不惜打出了"零工资"的口号，就是试用期内不要钱，只要管吃管住就行。

与"刘易斯拐点"相对应的是"人口红利"，由于农村的进城务工人员无限供给形成的廉价劳动力，提供给经济发展相对便宜的要素价格，使得我们在改革开放短短一二十年的时间，就获得了"世界工厂"的地位。

> "人口红利"不可能无限期延续。因此我们必须考虑与"人口红利"相伴相随的"人口诅咒"。

其实，从某种意义上说，"世界工厂"就是给全世界打工。在21世纪初，我们曾经创下过给全世界50亿人每人每年做四件衬衫的奇迹。那一时期我们走遍全世界，无论在欧美发达国家，或在拉美、非洲欠发达国家，都可以在商场里面发现"Made in China"（中国制造）的字样。

记得20世纪90年代末期，有一次去美国考察，当时我们团里有一个领导的孩子非常喜欢打篮球，其父出国前再三叮嘱给他带一个NBA篮球。结果我们到了美国之后，所到城市的商场根本找不到美国制造的篮球，除了中国制造还是中国制造。眼看儿子交办的任务完不成了，这可

愁坏了这位领导。一筹莫展之时，我想出一个"馊"主意，就跟美国那个商场售货员说："我买一个篮球，然后你帮我给篮球充上气。"结果，人家美国人不太明白，提醒我们说灌了气以后它就不方便携带了。我们团里的人也不明白我到底要干什么，我就跟他们解释说："虽然篮球充了气以后不方便携带，但回去以后可以跟孩子解释，球虽然是中国产的，但气儿是美国的。"此言一出，把所有在场的人（包括美国商场的售货员）都笑了个人仰马翻。

这虽然只是一个冷幽默，但是也不难看出，那一时期我们作为世界工厂在全世界的影响。

> 劳动力供求关系发生了根本的变化，"人口红利"消失，带给企业的直接致命打击就是劳动力成本上升。

但是，人口发展规律告诉我们"人口红利"不可能无限期延续。因此我们必须考虑与"人口红利"相伴相随的"人口诅咒"——当我们过分依赖廉价劳动力优势时，久而久之便会失去创新的能力，以致在"人口红利"枯竭时，处于不可持续发展的境地。

比如进入2004年以后，涌现在中国大地的民工潮局面消失了，取而代之的是"民工荒""蓝领荒""技工荒"等一系列的"荒"。甚至包括"电荒""煤荒""水荒"等等。

为什么由过去一系列的"潮"变为今天的一系列的"荒"呢？这是因为国家经济高速发展，工业企业数量持续增加，导致用工量、用电量和用煤量的增加，所以一切资源供给都开始变得紧张了。

劳动力供求关系发生了根本的变化，"人口红利"消失，带给企业的直接致命打击就是劳动力成本上升。过去我们是"世界工厂"，依靠低廉的劳动力优势承接了全球的订单，赚一点微薄的加工费。但是现在劳动力成本上升了，可订单还是那个价格，你接过来就是亏损的，所以企业已经承受不了，难以支撑了。尤其到了2008年美国次贷危机引发的金融危机以来，国外的订单又持续减少，直接导致东南沿海大批过去以"三来一补"为生的加工企业倒闭死亡。从几万家到几十万家地倒闭，形势已经是非常危急了。

中国经济从2004年左右开始进入刘易斯拐点，到今天已经走过十几年了，不仅依然没有缓解，反而愈演愈烈。据新华网报道：2016年开年，广州制衣厂便遭遇招工难，日薪400元以下没人干。一名企业用工代表说"工人的工资要求高，但是整个市场的价格滞后，客户给的价格太低，一件衣服客户给10元钱加工费，工人工资要支付掉6元，所有制衣厂招的工人都是管吃管住，每年房租都在不断上涨。房租水电一支付，企业根本赚不到钱。"

而另据国家统计局的数据显示：2013年全国一、二线城市平均月薪6700元，北京以8894元位居榜首。而2016工资仍将平均增长8%，增幅位列全球第一。

这又是为什么呢？那是因为我们又面临着一个人口老龄化问题的挑战。我们国家持续搞了30多年的计划生育，这直接导致从20世纪五六十年代的新生人口暴增，一下子变为20世纪70年代以后的新生人口的锐减。每家每户由四五个或五六个孩子变成了一个孩子，二三十年过后，这批孩子长大了，他们的祖辈和父辈老了，中国就突然出现了"断崖式"的人口老龄化。而其他国家老龄化到来却是一步一步慢慢走过来的。所以，一面是经济发展对劳动力的需求量增大，而另一面适龄的青壮劳动力又在减少，这就是刘易斯拐点短期内难以跨越过去的原因。那这个情况怎么解决呢？现在党中央国务院也意识到这个问题了，所以就调整政策，放开二孩。但是生孩子和造机器不一样，造机器我们可以加班加点，可以多建几条生产线，在短时间内就能生产大批的机器出来。可是造人行吗？造人是有过程的，加班加点一批新人也要20年后才能够成为新一代的劳动力。现在各级政府都很重视二孩放开的问题，尤其有些农村地区已经上升为政治高度。

第二，低端产能严重过剩

受国际金融危机的深层次影响，国际市场持续低迷，国内需求增速趋缓，我国部分产业供过于求矛盾日益凸显，传统制造业产能普遍过剩，特别是在钢铁、水泥、电解铝等高消耗、高排放的行业尤为突出。2012年底，我国钢铁、水泥、电解铝、平板玻璃、船舶产能利用率分别仅为72%、73.7%、71.9%、73.1%和75%，明显低于国际通常水平。钢铁、电解铝、船舶等行业利润大幅下滑，企业普遍经营困难。值得关注的是，这些产能严重过剩的行业仍有一批在建和拟建项目，产能过剩呈加剧之势。如不及时采取措施加以化解，势必会加剧市场恶性竞争，造成行业亏损面扩大、企业职工失业、银行不良资产增加、能源资源瓶颈加剧、生态环境恶化等问题，直接危及产业健康发展，甚至影响到民生改善和社会稳定大局。

第三，企业负债率全球第一

截至2013年年底，中国企业借款14.2万亿美元，已超过美国企业的13.1万亿美元借款，比标准普尔此前预期提前了一年成为全球第一。而标准普尔数据同样也显示，中国企业的现金流和杠杆使用情况从2009年就开始恶化，目前在全球企业中表现最差。2017年中国企业负债率虽然下降了0.5个百分点（国家统计局数据），但总体形势仍不乐观。

标准普尔数据显示，目前中国企业有1/3左右的债务通过影子银行解决。标准普尔预计目前中国影子银行的规模在4万~5万亿美元，这一规模在未来五年还有进一步增长的趋势。

而据中国社科院金融所曾发布的研究报告显示，中国广义的影子银行所涉及的非传统信贷融资规模大致为27万亿元人民币，约占银行业资产比例的19%，这一数据与标准普尔估算规模相近。

第四，中国经济发展面临结构调整阵痛期等"四期叠加"

中国社会科学院经济学部、中国社会科学院科研局、中国社会科学院数量经济与技术经济研究所与社会科学文献出版社共同发布的2016年《经济蓝皮书》中认为，我国经济发展处于增长速度换挡期、结构调整

阵痛期、前期政策消化期和新的政策探索期"四期叠加"。

第五，互联网改变了竞争格局

国务院总理李克强在出席2014年（天津）夏季达沃斯论坛并发表重要讲话的时候，就庄重地向全世界宣告：要在中国960万平方公里的土地上，掀起"大众创业、万众创新"的浪潮。一国之总理为什么要提出这样一个观点呢？为什么要鼓励更多的人去创业呢？是我们现在的就业形势不好解决，要通过这种形式缓解政府的压力吗？其实不完全是。李克强总理之所以发出这样的号召，是因为大众创业的时代已经到来了。

今天是什么时代？是互联网时代。那为什么互联网时代到来就要鼓励大众创业呢？因为互联网降低了创业门槛，它是人类生活、生产和工作方式的一次重大改变。

在传统经济时代，人们要想生存，必须要依赖一个组织。改革开放后允许个人创业，但不是每个人都有创业的能力，想创业你要有资金、技术和项目等。

但是在互联网时代，这一切完全改变了。互联网时代没有技术和资金能不能创业呢？显然也能。比如我就会开车，我能不能创业？当然可以。现在人们生活都好了，应酬多，喝酒的人就多，而酒后又不能驾车，于是代驾行业应运而生。那我就可以给别人当代驾，代驾不是打工，而是签约一个平台公司，自主决定工作时间，这当然是创业。

再如我会开车，而且我也有车，那我怎么创业？我可以签约"滴滴"，可以签约"优步"开"专车""快车"，这样我就实现了创业。再也用不着去给老板打工。

如果说我不会开车，而且也没有车，那我怎么办呢？我可以给"京东"送货，我可以给"顺丰"送快递，我可以给"饿了么"送外卖，我还可以给有车族洗车，这些都是创业。

所以，有条件能创业，没条件也能创业。

由于互联网出现了，社会的分工更加细化了，创业的人多了，于是就改变了这个社会的商业竞争格局。

比如，专车逼疯的士。

我们不说别的地方，就说北京。在北京出租车司机都很牛，有些素质低下的"的哥"不仅牛而且野蛮粗暴。大热天为了省油不开空调，不仅让你闷热难耐而且满车灰尘。你路途近了，对不起，不拉！蛮横无理地拒载。一听你是外地口音，对不起，宰你没商量，拉着你在北京城绕两圈。北京城这么大，稍微绕两圈，你口袋里几十上百的钞票就没了。

我原来就住在丰台区永定路的青塔小区，青塔小区距离北京西站非常近，所以我最怕出差坐火车走西客站，为什么？因为打不着车。从西客站一下来排队等车，到跟前了，对不起人家不拉你，因为太近。所以搞得我经常没有办法，只能找学生、弟子或朋友接送。

但现在还愁吗？不愁了。为什么？因为现在有网络约车了。

可以很负责任地说，自从有了滴滴专车，我就再没打过车。你不是服务态度不好吗？我还不坐你车了。我选择网上约车，选择滴滴，选择神州。人家车又好又干净，服务态度又和蔼。让你不仅有上帝的感觉，而且还很有面子。所以滴滴、神州、优步等新生服务类企业的出现，就使得出租车快疯了，甚至还出现了砸滴滴和砸专车等事件。我想告诫这些违法砸车的愚蠢的暴徒，历史永远是向前发展的，任何企图阻碍社会进步的行为，都只能是螳臂当车，最终将被历史的车轮碾得粉碎。

所以，你要想去和人家竞争，你就得改变你的思维方式、服务方式和竞争方式，提升你的竞争力，你才会有生存下来的机会。

再如，外卖逼疯了饭店。

午餐，是在北京工作的白领们相当头疼的事。一到中午各大写字楼周边的大小餐馆就爆满了。不仅人声鼎沸，而且还得排长队购餐等位。不仅如此，从写字楼上下电梯也要等上十几分钟甚至半个小时。吃顿饭就像打一场战役。但自从互联网上有了外卖以来，白领们可以通过手机去订餐，然后在办公室悠然自得地就餐，饭后还可小憩一下。

但随之而来的是很多小饭店的生意一夜之间就门可罗雀，或者干脆倒闭了。

仅仅是2015年，外卖市场全年交易规模就高达457.8亿元人民币，"饿了么"以33.7%的整体市场交易份额占比再次领跑，美团外卖及百度外卖紧随其后。仅仅是一个餐饮市场，就有四五百亿元的市场份额一下子被互联网拿走了，你说得有多少小饭店从此倒闭。

又如，电商逼疯了商场。

互联网的出现，改变了人们的生活方式。以购物为例，现在有很多人，尤其以80、90后为代表的群体，大多数的东西都会从网上购买，而网上也基本上没有购买不到的东西。

曾在江西工作多年的我，年轻的时候很喜欢吃江西版的兰州酿皮（1979年，冶金工业部第四冶金建设公司整建制从兰州迁至江西德兴、贵溪，建设江西铜基地。兰州酿皮这种西北地方小吃也随之进入江西，几十年后经过不断改良，逐渐形成具有江西特色的"兰州酿皮"），后来虽然赴京求学离开江西，可几十年来就一直心心念念忘不掉这个独具特色的小吃。直到电商出现之后，有一天我突然发现在网上居然还能买到这个酿皮，于是激动地让秘书下单订购，三天后就收到商家从江西德兴快递来的酿皮。虽然经过几天的时间让这个酿皮已没有新鲜的那么好吃，但却满足了我的回忆与情怀。

电商的出现改变了人类的生活方式，也因此导致了大商场和渠道类店铺的衰退。2015年以来，全国一、二线大中城市，就纷纷出现大批实体店铺的关店潮。

电商对于传统的线下店铺的冲击到底有多严重呢？让我们看一看2017年"双11"的数据：狂欢落下帷幕，天猫最终交易额定格在1682亿元，创下历史新高。京东"全球好物节"从11月1日零时到11月11日24时

累计下单金额达 1271 亿元。这是一个多么可怕的数字，如果再加上其他电商，就绝对可以称之为天文数字。面对电商这一武林高手的迅猛崛起与步步紧逼，线下的店铺已是只有招架之力，毫无还手之功。

还如，高管逼疯东家。

大众创业时代的到来，让没技术、没资金、没项目的普通人也可以创业了。那有条件有能力的大企业高管显然更不会袖手旁观。毕竟能够在大企业出任高级管理者的人，都是社会精英，自然也就不甘久居人下，沦落为打工一族。既然互联网时代到来了，创业的机会来了，那他们当然要选择创业了。例如新东方的陈向东、万科的毛大庆、网易的杨斌等，这些国内知名企业的高管，就已经做出了回答。

> 在传统经济时代，人们要想生存，必须要依赖一个组织。但是在互联网时代，这一切完全改变了。

高管创业对原有东家所带来的打击是致命的，威胁也远比同类竞争对手要大得多。因为他太了解太熟悉他的老东家，包括你的客户是谁？你的运营的手法是什么？你的营销套路是什么？所有的一切他都知道。

尤为可怕的是，每一个高管背后都有一个他带过的团队。他选择出去创业，往往会把这个团队带走。即便是他不带走团队，但这批人你也不敢再重用了，因为你看他们每个人都像"余则成"。

最后如，竞争的格局发生变化。

竞争格局的变化是从个体竞争演变成了圈子的竞争。也就是说过去是企业与企业之间的竞争，或者是个人与个人之间的竞争，现在则是一个圈子和一个圈子的竞争。例如，你想做一个项目需要融资。

> 有距离，有边界，导致企业和员工、用户、合作方的关系是博弈关系。而零距离、网络化要求企业和三者的关系要变成合作共赢的生态圈。

但如果你单枪匹马找投资就非常困难，如果你置身于某个圈子，投资人就会主动找你，因为投资人不仅看项目和运作项目的人，更看重你背后圈子的实力和人脉。

阿里巴巴正式上市，马云成为中国新首富。当许多人还在朋友圈转发马云事迹的时候，东莞一个1987年出生的小伙子，白手起家，用两年时间成功闯进了马云的朋友圈，甚至跟马云、史玉柱、柳传志这些大佬一起合伙开起了公司。听起来很牛吧？

唐军是一个典型的85后，他没什么显赫的背景，老家是四川农村的，打小父母就在东莞打工，也算是万千留守儿童中的一员。他是从12岁起，就一个人坐火车往返于四川与东莞，这无形中锻炼了他的独立性。但就是这样一个孩子，他怎么就成了马云的股东呢？其实很简单，就在于他一个举动，让他进入了一个圈子里面。极具商业头脑的他，在大学期间通过做驾校公

代理和电话卡代理就赚了 40 万元。结果 2008 年股市 6000 点的时候把全部资金投入，亏得一塌糊涂。大学将结束的时候，他进了东莞一家贷款公司做销售，很快搞清楚门道的他，短短两三个月就挣了 50 万元，然后就出来自己开信贷咨询公司。

2012 年 6 月，P2P 网络借贷平台兴起之时，唐军看到市场潜力，也杀入进去创办了团贷网。大家知道，互联网公司要想快速成长，扩大知名度很重要。2012 年底，优米网举行的"名人时间拍卖"，史玉柱拿出三个小时出来"陪聊"，就像巴菲特午餐一样，谁出价高谁就能获得跟史玉柱当面聊天三个小时。此时，只是一个无名小卒的唐军，狠心花了 213 万元拍了下来。当时，很多人嘲笑他脑子进水了。现在看来，唐军下了一招妙棋。跟史玉柱见了面之后，唐军顺利进入了史玉柱的朋友圈。

小唐这个年轻人是太聪明了，他就因为跟史玉柱吃了一顿饭，聊了一会儿天，媒体一炒作，就成了知名人士。成为知名人士还不算什么，更重要的是跟史玉柱见了面，跟史玉柱成了忘年交，从此就进入了史玉柱的这个圈子。史玉柱跟唐军见面后，对这个年轻小伙印象不错，向唐军引荐了很多人，比如当时的民生银行董事长董文标等。唐军抓住机会，不断扩大自己的高端朋友圈版图。随后又与分众传媒创始人江南春混熟，还把江南春发展成了团贷网首席品牌营销顾问。

唐军善于借势，得到商界大佬的认可后，他直接在网上挂出史玉柱、江南春等商业大咖的头像，给团贷网造势。随着团贷网知名度的提高，成交额两年突破 31 亿元，跻身到行业全国第六的位置。

2014年6月中旬，团贷网发起了房宝宝项目，投资者最少出资1000元，就能参与众筹，购买价值千万元的别墅。一时引发投资者的追捧和热议。两个月后，这一项目直接闯入全国房价最高的北京，团贷网成立了北京房宝宝科技股份有限公司。法人股东除了团贷网，北京优视米网络科技有限公司也在其中，这一公司背后的投资人就是马云、柳传志和史玉柱等，囊括了大批大佬级人物！

进入了一个圈子，不仅引来了投资，还一夜之间由丑小鸭变成了白天鹅。这一巨大的变化，就来源于唐军找到了一个圈子。

不仅企业如此，个人如此，其实国际间也是如此。新加坡、马来西亚、新西兰、文莱这些国家知道自己在国际上难以与大国竞争，于是就联合了二十几个国家组成了一个朋友圈，叫"TPP"。虽然只有二十几个国家，但是它的经济总量据说已达到了世界经济总量的40%，这就很可怕了。因为"TPP"这个朋友圈明确规定，朋友圈的成员国之间做生意必须要从头到尾，即从原料到产品都需要在成员国之间进行交易才行。比如越南向美国出口白糖，如果原料甘蔗的来源是在非朋友圈国家购买的，那圈内的成员国就有权拒绝。如此严格的规则告诉我们，如果我们没有跻身这个朋友圈里面，我们将有可能失去了和这40%的经济总量进行交易的机会。这是多么可怕的竞争规则。

> 过去的规章制度和思考体系将彻底颠覆，企业唯有大脑升级才有未来。

所以，面对这些挑战，我们中国也不是无所作为。2013年9月和10

月,中国国家主席习近平在出访中亚和东南亚国家期间,先后提出共建"丝绸之路经济带"和"21世纪海上丝绸之路"的重大倡议,得到国际社会高度关注。

中国提出两个符合欧亚大陆经济整合的倡议:

1. 丝绸之路经济带倡议;

2. 21世纪海上丝绸之路经济带倡议。

两者合称"一带一路"倡议。

这"一带一路"联络起来的国家非常多,达到几十个国家。西北角已经走到了荷兰的鹿特丹,往西南则走到了非洲南非的好望角,所以这两个经济带也是非常可怕的。因此,你搞"TPP",我们就搞"一带一路",搞"亚投行",彼此之间运用圈子去竞争,去合作。这就是互联网改变的竞争格局。

第六,互联网颠覆了传统的管理理论和管理模式

著名企业家、海尔CEO张瑞敏曾经有一次在讲话中提到,他说:"在互联网时代有许多新的特点诞生,而这些新的特点,例如零距离、小众化、透明化、平民化、平台化、数字化等,让近200年以来传统的管理理论一夜之间失去效应。"

这又是为什么呢？

比如零距离。张瑞敏认为，互联网时代企业面临的最大挑战和机遇其实就是零距离。在没有互联网之前是有距离的，现在则是零距离。这就像美国管理大师普拉哈拉德所说的，互联网消除了距离，这是它最大的影响。

那么零距离给企业带来了什么？其实就是网络化，网络化说到底就是没有边界了，原来的企业是有边界的，现在则是无边界。

由此带来的改变显而易见。有距离，有边界，导致的是企业和员工、用户、合作方是博弈关系。而零距离、网络化则要求企业和三者的关系要变成合作共赢的生态圈。

比如，企业和用户之间，过去的信息是不对称的，而且主动权在企业手里。企业千方百计想要让用户了解产品、购买产品，其最好的手段是广告和宣传。而现在，用户知道的信息比企业还多，用户知道全世界的信息，但企业未必知道，因此也就没法通过广告让用户相信。

再如，企业和员工之间，过去是企业控制员工，员工必须按照企业的指挥来做。但现在不行了，员工知道的信息比企业知道的还快，他第一时间知道了用户的需求，但企业未必知道。所以不能采取过去那种方式，控制信息或者让员工把所有信息都报给上级，再发号施令，必须要让员工拥有自主权。

还比如，企业和供应商之间，过去是博弈关系。供应商要通过竞标给企业供货，企业要的价格是最低的。但现在，价格最低的供应商，不一定能满足用户的需求，所以必须让供应商参与设计。

在张瑞敏看来,现在各方关系变成了合作共赢的生态圈，不管是员工、用户还是合作方，都应该是合作共赢，否则你就没法真正去赢得市场。

张瑞敏曾引用凯文凯利《失控》里"均衡即死亡"的观点称，这应该作为每个人的警句。"均衡，过去传统时代的企业，追求的就是均衡。法国的法约尔专门提出了企业内部管理的一些要素，但基本的观点就是企业内部的职能部门之间要进行再平衡。"但在互联网时代，外部的变化非常快，内部一旦均衡、静止，那你就等死吧，时代一定会把你扔掉。

再如透明化和平民化。过去美国耐克要生产一种新款的鞋，那么从美国传递到中国上海至少要几个月的时间，传递到中国西藏那可能需要一年以上的时间。但是，今天的互联网时代显然不是了，美国耐克这一新款鞋的信息只要一发布，全球所有的人，包括中国上海、西藏的人，或者非洲的人，只要有互联网的地方，大家都可以在同一时间通过互联网下单。

所以，基于互联网这些特点，传统的管理理论已经一夜之间失去了效用。因为传统的管理理论是基于传统的生产组织方式所设计的管理理论，这些管理理念和管理工具到互联网时代就都变了，管理的模式就得发生变化。所以马云也说"过去的规章制度和思考体系将彻底颠覆，企业唯有大脑升级才有未来。"

数字经济之父唐·泰普斯科特（Don Tapscott）这样描述互联网给商业环境带来的改变，"因特网并不只是.com这样一个新名词，而是一个大的平台，它可以大幅度降低交易成本，这会从根本上改变企业。在工业时代，我们有科层制，它是上下内部的整合，是闭合的。人才在内部，公司不与外界交流。在因特网时代我们要重新定义企业的模式，把它作为一个网络和平台，有自组织和自创新能力。"

泰普斯科特提出互联网时代企业必须具备以下四个特征：首先是开放和协作；其次是透明，无论客户、股东、供应商等互相之间信息透明；第三是共享；第四是赋权。

基于此，我们得出的结论就是今天的中国企业，除了转型升级已经别无选择。

2013年4月15日，国务院总理李克强在主持召开新一届政府首次经济形势专家和企业负责人座谈会时指出："把握宏观政策，既要站稳脚跟，更要着眼升级。我国经济发展正处在'爬坡过坎'的关键阶段，必须远近结合，在有效应对好短期问题、保持经济合理增长速度的同时，更加注重提高发展的质量和效益，把力气更多地放在推动经济转型升级上来，放到扩大就业和增加居民收入上来。出台的每一项政策，既要对解决当前问题有针对性，更要为长远发展'垫底子'，努力打造中国经济'升级版'。"

而中共中央总书记、国家主席、中央军委主席习近平2015年7月17日在长春召开部分省区党委主要负责同志座谈会，听取对振兴东北地区等老工业基地和"十三五"时期经济社会发展的意见和建议时强调指出："振兴东北老工业基地已到了滚石上山、爬坡过坎的关键阶段，国家要加大支持力度，东北地区要增强内生发展活力和动力，精准发力，扎实工作，加快老工业基地振兴发展。""滚石上山"和"爬坡过坎"这两者之间可有着巨大的区别。爬坡过坎是万一我掉下来，可能受伤了，但或许还有救，但是滚石上山一旦掉下来，那不就被砸得粉身碎骨吗？

所以，在今天这样一个大背景下，中国的企业如果还不去改变现有的组织模式、赢利模式、分配模式、资本模式等这些商业运营的模式，那么等待中国企业的结局就是被时代所淘汰。

第二章
管子思想与企业转型升级

一、转型的指导思想

二、企业转型升级为什么要学习管子

一、转型的指导思想

知道中国企业和中国经济面临什么挑战,也知道了我们为什么要转型。但这只是知其然。而知道如何转型才是知其所以然。

任何一次社会变革都与世界大势是分不开的。

19世纪60年代,经过两次鸦片战争的失败及太平天国的打击,清朝的一部分官僚开始认识到西方坚船利炮的威力。为了解除内忧外患,实现富国强兵,以晚清重臣爱新觉罗·奕䜣、李鸿章、张之洞、曾国藩、左宗棠以及崇厚、沈葆桢、刘坤一、唐廷枢、张謇等为代表的开明人士,主张学习西方的声、光、电、化、轮船、火车、机器、枪炮、报刊、学校等先进技术和事物,以图自强,史称洋务运动,又称晚清自救运动、自强运动。

中国近代纺织业、自来水、发电、机器缫丝、轧花、造纸、印刷、制药、玻璃制造等,都是在洋务运动时期始建立起来的。在洋务运动的推动下,中国的民用工业得到了迅速发展,为中国近代化工业奠定了基础。

1978年12月,面对"文化大革命"造成的生产力发展缓慢,人民温饱没有解决，科技教育落后等困局，以邓小平为代表的中共第二代领导集体，于十一届三中全会起在中国开始实行对内改革、对外开放的政策。中国的对内改革首先从农村开始，1978年11月，安徽省凤阳县小岗村开始实行"分田到户，自负盈亏"的家庭联产承包责任制，拉开了中国对内改革的大幕。1979年7月15日，中央正式批准广东、福建两省在对外经济活动中实行特殊政策、灵活措施，迈开了改革开放的历史性脚步。至此，对外开放成为中国的一项基本国策和强国之路。1992年，邓小平南方谈话发表后，使中国改革开放进入了新的阶段。1992年10月召开的党的十四大宣布新时期最鲜明特点是改革开放，中国改革从此进入新的时期。

如果说，洋务运动是以"西学为用"为方法，改革开放是以市场经济为主题，那么今天的转型升级又将以怎样的方式，何种理念作为指导思想呢？

我个人以为，向历史学习，以古代先贤的管理思想作为指导方针，应是当前转型升级最为可行的路径之一。

而之所以持这样的观点，是因为：

第一，转型不能照搬西方

转型为什么不能照搬西方？因为不同的国家、不同的民族，其文化不同历史不同。而文化是人类一代代累积沉淀的渗透在生活实践中的习惯和信念。所以文化对于人来说，就是一种思维习惯、行为习惯和生活

习惯。民族不同，价值观与文化习惯就不同。所以同样一种管理制度，在一个国家管用，到另一个国家未必就管用。

有一则流传甚久的笑话很能说明文化的问题：在一间有一百个停车位的停车场里，美国人的车来了只能停下 80 辆，因为美国地大物博而人少，因而造车宽敞大气。日本人的车能停下 120 辆，岛国土地狭小使得他们节省

> 文化对于人来说，就是一种思维习惯、行为习惯和生活习惯。

意识很强，因而造的车小巧玲珑。德国人的车则刚好停下 100 辆，因为德国人严谨，规则意识强。而中国人的车来了总共只能停两辆，一辆在出口，一辆在入口，因为在中国无规则意识的人相对较多。

故事显然是杜撰的，但也并非毫无根据。故事折射出的恰恰是每个民族不同的文化习惯写照。

我曾经有一个非常好的德国朋友，在德国驻中国的一个德资机构工作，2001 年他卸任回国时，我在家里举行了家宴为他送行。

在吃饭的时候，他对我炒的青椒土豆丝非常的感兴趣，不停夸奖我说"这个菜做得好，非常好吃，你能不能教教我，我回德国之后要想你了，就做土豆丝。"我说："当然可以，这不很简单嘛。"然后他就拿出一个笔记本开始认真地记录起来。于是我开始分步骤为他做讲解："第一步，买两个土豆。"谁知话音刚落，他就歪着头看着我，疑惑地问："这

要买多少克土豆呢？"我愣了愣，想想这话还真把我问住了。我只知道我们每天上菜市场买菜，从来都是拎着篮子，到了菜市场看见什么、想起什么就买什么，很是随心与随机。可德国人不是，他们会有计划

> 同样是管理，在西方叫管理科学，而在中国就只能叫管理哲学。

地去购买，而且一定要有具体的数量。于是我含糊地回答道："如果人多就多买一些，人少就少买一些。"这哥们儿听完后迷茫地看着我点了点头，于是这个问题就算解决了。接下来第二步："把土豆去皮、洗净、切丝。"他又接着问："土豆需要切零点几毫米粗细的丝？"我再次茫然了。回想起我们自己在各饭店吃土豆丝的情景，好像粗细都不一样，即使是同一饭店不同厨师切的粗细也不一样。于是我只好叹口气对他说："如果你切菜的刀功好就切细一点，刀功不好，就切粗一点，没有标准的。"只见他无奈地晃了晃头，然后继续问："那第三步呢？"我说第三步就更简单了："把锅烧热，然后倒入一点色拉油。"话刚到这儿就被他拦下了："那要倒多少克的色拉油呢？"我说："中国菜谱说，油少许！"

朋友当时就崩溃了，当然我也崩溃了……

我从教十余年，觉得自己教学质量最差的，就是那一次教德国朋友做土豆丝了。一个简单的炒土豆丝，为什么没有教会德国人？反思良久，我终于从管理学角度思考明白一个道理：这就是不同民族不同的文化习惯和价值观而造成的。

中国是黄河文化，黄河文化的核心价值观是水至清则无鱼。所以，

人们的思维方式、行为方式就像在混沌的水中摸鱼，凭感觉做事，追求大概、也许、差不多的模糊准则。而德国是海洋文化，德国人处处都讲标准、讲规范。如果你走进德国人的厨房就会感受到浓厚的海洋文化氛围。厨房就像个实验室，温度计、量杯、滴管、天平、计时器和各种刀具一应俱全；食材，不论果、蔬、肉、骨，撕、拉、拔、削、剁。形状，不计方、条、圆、扁、片、块、丝、角。不同大小的锅和盆，煎肉排、煮土豆、煮汤、煮菜汁等等，不同的饭菜，德国主妇们都有一定的专属工具。盐放多少克，油放多少克，水放多少毫升……都有精确的定量及工具测量。

显然，在德国人的厨房，即便就是一个炒土豆丝，如果按照德国人的标准，中国的厨师也绝对烧不出中国味道来。所以，同样是管理，在西方叫管理科学，而在中国就只能叫管理哲学。

第二，转型不能复制标杆

标杆企业很多，在我们国内就有海尔、阿里巴巴、联想、华为、正泰等。如果说转型能够直接拷贝的话，那我们到这些企业去把文件拿过来直接改个名字用不就完了吗！显然不行。

中国共产党在早期革命的时候，曾经就把苏联当成我们的标杆，然后共产国际顾问团就把苏联十月革命的经验直接拷贝到了苏维埃根据地早期的革命斗争中，结果在井冈山组织第五次反围剿时以失败告终。最后，中国工农红军被迫开始了艰难的万里长征。一直到1935年1月，在遵义会议上确立了毛泽东在党内和红军的地位后，才挽救了红军，挽救了中国共产党。

那么，既然不能照搬西方又不能复制标杆，那今天的转型升级又应该怎么走呢？答案是：转型升级必须要向历史学习！

2014年10月13日，中共中央政治局第十八次集体学习。中共中央总书记习近平在主持学习时强调："历史是人民创造的，文明也是人民创造的。对绵延五千多年的中华文明，我们应该多一份尊重，多一份思考。对古代的成功经验，我们要本着择其善者而从之、其不善者而去之的科学态度，牢记历史经验、牢记历史教训、牢记历史警示，为推进国家治理体系和治理能力现代化提供有益借鉴。"

习近平强调："历史是最好的老师。在漫长的历史进程中，中华民族创造了独树一帜的灿烂文化，积累了丰富的治国理

> 管子被后人誉为"法家先驱""圣人之师""华夏文明的保护者""华夏第一相"。

政经验，其中既包括升平之世社会发展进步的成功经验，也有衰乱之世社会动荡的深刻教训。我国古代主张民惟邦本、政得其民，礼法合治、德主刑辅，为政之要莫先于得人、治国先治吏，为政以德、正己修身，居安思危、改易更化，等等，这些都能给人们以重要启示。治理国家和社会，今天遇到的很多事情都可以在历史上找到影子，历史上发生过的很多事情也都可以作为今天的镜鉴。中国的今天是从中国的昨天和前天发展而来的。要治理好今天的中国，需要对我国历史和传统文化有深入了解，也需要对我国古代治国理政的探索和智慧进行积极总结。"

从习近平总书记的上述讲话中，我们可以得出一个结论，那就是从

中央高层也肯定了要以历史为老师。历史是中国社会转型最好的老师。

二、企业转型升级为什么要学习管子

也许有人要问，在中国漫长的5000年历史长河中，英雄豪杰辈出，盛世争奇斗艳，圣贤百家争鸣……向历史学习，究竟向谁学？为什么学？我以为，企业的转型升级，中国经济的转型升级，只能向管子学，而没有之一。

这是因为：

第一，管子是百家源泉，圣人之师。

如果将中国五千年历史分成两个阶段，前两千三百年华夏大地虽然诞生了很多英雄豪杰枭雄，如黄、尧、舜、禹等，但是唯独没有诞生大思想智慧集大成者。一直到了两千七百年前（约公元前723年—公元前645年）的时候，管仲的诞生才使得中国从此有了集思想、政治、经济、军事、文化、哲学于一体的大家。他就是我们后来称之为"管子"的管仲。

一直到管仲去世的一百多年之后，老子才用管子的一部分思想创建了道家文化；孔子用管子的一部分思想创建了儒家文化；孙子用管子的一部分思想创建了兵家文化；韩非子用管子的一部分思想创建了法家文化等等。这些学说其实都是从管子思想一脉相承而来的。我国著名的国学

> 巧取豪夺、横征暴敛的强国之术与经济变革最大的区别是，前者民不聊生，国富昙花一现；后者人民安居乐业，国运长盛不衰。

大师魏承思评价说：春秋战国诸子百家虽然每个人都用管子的思想创立了自己的学说，但是在某种意义上讲，他们的思想根本都不及管子思想的十分之一。

所以，管子被后人誉为"法家先驱""圣人之师""华夏文明的保护者""华夏第一相"。

第二，管子是春秋五霸之首的缔造者。

春秋之前，只有"天下"，而没有"国家"。周天子封疆裂土，一千多个诸侯国恪守秩序，相安无事，因此没有任何求变的动机及欲望。公元前771年，周幽王"烽火戏诸侯"被犬戎杀死，西周终结。从此，天子权威丧失。

春秋时期，列国并峙，征战不休。此时，边境各族也发展起来。北方狄人南下，西方戎人东进，南方蛮人也想北上。各国开始火拼，争强求富就成了新的时代主题。

诸侯群雄纷争，在延绵了500多年的时间里，齐桓公、晋文公、宋襄公、秦穆公、楚庄王相继称霸，史称春秋五霸。而五霸之首的齐国，便是管仲一手缔造的。而且是仅仅通过六年时间的经济变革，就将原本弱小不堪的齐国打造成了春秋第一强国。

也许有人要问，既然春秋有五霸，那我们为什么不能学其他四霸，而偏偏要学管子思想呢？这是因为，其他霸主之"盛世"大都是靠杀戮、靠战争或巧取豪夺、横征暴敛取得的。而齐国这个霸主地位靠的则是经济变革，靠的是改革开放，靠的是以商止战、以商兴国、以商富民。这才是一个社会转型及企业转型之王道。

巧取豪夺、横征暴敛的强国之术与经济变革最大的区别是，前者民不聊生，国富昙花一现；后者人民安居乐业，国运长盛不衰。《史记·苏秦列传》载："临淄之中七万户（临淄当时人口超过30万，而同期世界第二大城市希腊的雅典尚不足5万）。临淄甚富而实，其民无不吹竽鼓瑟，弹琴击筑，斗鸡走狗，六博蹋鞠者。临淄之途，车毂击，人肩摩，连衽成帷，举袂成幕，挥汗成雨，家殷人足，趾高气扬。"可见管子的变革对齐国影响之深远。

第三，管子是商界教父和经济之父。

管子是人类史上最早的经济学家、管理学家之一，对外开放、招商引资的首创者，以人为本、和谐社会的缔造者，更是承包制和国有民营经济模式的首创及践行者。管子把富民放在首位，他说："凡治国之道，必先富民。民富则易治也，民贫则难治也。"而要想实现富民，首先要发展经济。他不仅重视发展农业生产,因为"五谷粟米,民之司命也","粟者,王者之本事,人主之大务也"。为了发展农业生产,就要"辟田畴、制坛宅、修树艺、劝士民、勉稼穑、修墙屋,此谓厚其生"。同时他十分重视工商业。他说:"无市,则民乏矣。""无末利,则本业何出?"因而管子认为,农、工、商各业必须同时兼顾,"务本饬末则富"。

管子的变革思想是"以商止战"。就国家内政而言,"以商止战"就是发展商品经济,让国民富裕而不至于造反。就与各诸侯国的关系而言,"以商止战"就是扩大对外贸易,并以军事的威慑力维持均衡。

管子有很强烈的民本思想。他说:"政之所兴,在顺民心。"他不主张用严酷的刑罚来威慑百姓,因为"刑罚不足以畏其意,杀戮不足以服其心"。

那么,如何才能做到"顺民心"?管子认为要"从其四欲",即"百姓厌恶劳苦忧患,我就要使他们安逸快乐;百姓厌恶贫困低贱,我就要使他们富足显贵;百姓厌恶危险灾祸,我就要使他们生存安定;百姓厌恶灭种绝后,我就要使他们生养繁衍"。他认为,为政者只要懂得这些道理,把给予看成是取得,就是从政的法宝了。基于此,管子提出了那句非常出名的流传千年而不朽的格言:"仓廪实则知礼节,衣食足则知荣辱。"

> 凡治国之道,必先富民。民富则易治也,民贫则难治也。

管子这些伟大的变革思想,是今天的企业家在推动企业转型升级过

程中，必须要学习并遵循的。

同样是以推动社会变革为目的，那么其他诸子又是怎样的思想呢？

> 刑罚不足以畏其意，
> 杀戮不足以服其心。

自管子以后，儒家、道家、法家等各学派虽思想各有不同，但在重视农业、轻视工商业方面却出人意料地无多大分歧。如孟子劝说梁惠王"不违农时"，但却斥商人是"贱丈夫"；李悝辅佐魏国所采取的政策，是"尽地力之教"和"禁技巧"，即发展农业，抑止手工业；商鞅变法，对努力耕织者免除徭役，对从事工商而贫者，则沦为奴隶（耕者免徭役，工商罚为奴）；荀况认为"工商众则国贫"；韩非则首称农为"本"，工商为"末"，把工商之民视为社会一害，与学者（指战国末期的儒家），言谈者（指纵横家），带剑者（指游侠），患御者（指依附贵族私门的人）并列为"五蠹（蠹，蛀虫。）"。

而唯有管子力挺商人，力推商业文化。他提出了士、农、工、商四业并举，让齐国经济得到了均衡及持续、稳定、健康的发展；他首创招商引资，通商工之业，便鱼盐之利，打通了齐国与各国之间的贸易往来；他通过创建税收制，提出了轻税和免税的经济刺激手段，招来天下之财，形成了"商贾归齐如流水"的大好局面。使齐国最终成为春秋第一个经济强国，继而成为文化强国、军事强国和政治强国！

对于管子的历史功绩，孔子当年有两段评价：

第一,"管仲相桓公,霸诸侯,一匡天下,民到今受其赐。微管仲,吾其披发左衽矣。"这句话直接翻译过来的意思是:没有管仲,我们都要披头散发,衣襟左开,沦陷于异族人的统治了。

孔子这段评价的来历,是指春秋时期,周皇室势力渐微,华夏数百诸侯国群龙无首。此时,边境各族乘乱骚动:北方狄人南下,西方戎人东进,南方蛮人也伺机北上,华夏危机重重。危难之际,管子认为"戎狄豺狼,不可厌也;诸夏亲昵,不可弃也",果断建议齐桓公擎出"尊王攘夷"的旗帜,联合华夏诸侯国抗击犬戎入侵,从而保卫了华夏文明。当时华夏诸国为衣冠上国,礼仪之邦,注重仪表,一定要束发,衣服要右衽。而那些未受王道教化之戎狄蛮夷(中国古代对四方外族的统称,东方曰夷,南方曰蛮,西方曰戎,北方曰狄。)则披发左衽。所以孔子说,要不是管子勤王,我们就成了那些披发左衽之民的奴隶了。

> **仓廪实则知礼节,衣食足则知荣辱。**

第二,"桓公九合诸侯,不以兵车,管仲之力也。如其仁,如其仁!"这段评价的背景也是源于春秋时期的周天子丧失了"天下共主"的资格,反而在政治、经济上依附于强大的诸侯。正是在周王室日益衰微的背景下,诸侯争霸的热闹场面才一场接一场地出现了。作为"天下共主"的周天子,虽然名存实亡,但是周天子过去享有的权威,却是一些较大的诸侯国所朝思暮想的。于是,一些较大的诸侯国为了争夺土地、人口、贡赋,为了获取周天子过去享有的政治特权和经济特权,不断进行兼并战争,争当诸侯首领——霸主。而管子通过经济变革使齐国成了当时最强的诸

侯国后,又通过"尊王攘夷"的策略,不用武力,而用经济与道义征服了各国诸侯。所以孔子就感叹说这才是仁。

孔子是个很自负的人,轻易说别人好话不多,但是对管子却有非常高的评价,可见管子在其心中具有极其重要的位置。

在当代,对管子研究甚深且评价最高的当属国学大师梁启超、南怀瑾和魏承思先生了。

梁启超曾评价管子为"国史上第一流人物","中国最大之政治家,而亦学术思想界一巨子也"。

> 《左传》言"太上有立德,其次有立功,其次有立言;虽久不废,此谓不朽。"愚以为,在先秦众多思想家中,能够全面实现此'三不朽'者,惟管仲一人而已。

南怀瑾对管子的评价是:"为国谋利的商界教父。"

魏承思先生则认为:"自管仲之后中国上百次的社会变革,无不携带着管子思想的基因。"魏先生同时认为:"《左传》言'太上有立德,其次有立功,其次有立言;虽久不废,此谓不朽。'愚以为,在先秦众多思想家中,能够全面实现此'三不朽'者,惟管仲一人而已。"

第三章
转型向管子学什么

一、管子相齐之初
二、管子变革与中国企业转型

一、管子相齐之初

管仲在接手齐国的时候,面对的是一个怎样的局面呢?

齐国地处今天泰山以东的胶东半岛地区,从外部自然环境来看,是地潟卤、人民寡和带山海。

地潟卤:潟〔xì〕,意为"咸水浸渍的土地"。潟卤,意为"土地含有过多的盐碱成分,不适宜耕种"。这在处于农耕文明时代的春秋时期无疑是一个发展经济的硬伤。

人民寡:齐国国土面积约25万平方千米,至战国末期人口约500万人。管仲相齐之初,关于齐国人口有案可考的就是管仲的三国五鄙。而对这个三国五鄙的记载又有两个版本。一个是《管子·小匡》,一个是《国语·齐语》。两者最大的不同在于其鄙上。小匡的记载是"制五家为轨,轨有长。六轨为邑,邑有司。十邑为率,率有长。十率为乡,乡有良人。三乡为属,属有帅。"齐语中则说:"制鄙。三十家为邑,邑有司;十邑为卒,卒有卒帅;十卒为乡,乡有乡帅;三乡为县,县有县帅;十县为属,属有大夫。"都是五个属。由此可见,齐语中五属一共45万家,而小匡中只有4.5万家。两个版本差距很大。

可即便以《国语·齐语》记载为准，齐国那时也不过200万人左右。疆域大而人口少，在以人为主要生产力的劳动密集型时代，人口少又是一个发展经济的不利因素。

带山海：依山傍海，在今天是优势，但在2700年前航海业尚未出现时，除了晒盐和近海捕鱼，好像也就干不了其他什么了。

外部及自然环境是这样一种现状。那么内部环境又是怎样的呢？仍可以用三句话来衡量：内乱方止、经济崩溃和百废待兴。

> 一个人如果连饭都吃不饱，跟他谈理想、目标无异于鸡同鸭讲。

齐襄公十二年（公元前686年），齐国动乱，公孙无知杀死齐襄王，自立为君。一年后，公孙无知又被杀，齐国一时无君。逃亡在外的公子纠和小白，都力争尽快赶回国内夺取君位。管仲为使纠当上国君，埋伏中途欲射杀小白，箭射在小白的铜制衣带钩上。小白装死，在鲍叔牙的协助下抢先回国，登上君位。他就是历史上著名的齐桓公。桓公即位，设法杀死了公子纠，也要杀死射了自己一箭的仇敌管仲。鲍叔牙极力劝阻，指出管仲乃天下奇才，要桓公为齐国强盛着想，忘掉旧怨，重用管仲。桓公接受了建议，接管仲回国，不久即拜为相，主持政事。

由于刚刚经历了一场大的动乱，以及长时期以来的内乱，齐国的经

济已是处在了崩溃的边缘,各行各业都处于百废待兴的局面。其情形就颇有点类似十一届三中全会前,"文化大革命"刚刚结束这一阶段。十年浩劫给当代中国留下了生产力发展缓慢,人民温饱没有解决,科技教育落后等严重的不利局面。这种局面不改变不行,怎样改变?答案只有一个:变革。

二、管子变革与中国企业转型

变革是一个永恒的主题。但是,面对从外部到内部都十分不利的局面,管仲作为齐国的总理,他究竟通过怎样的理念和策略,仅仅用了六年的时间,就把这样一个内忧外患的国家,打造成了春秋第一强国呢?他在2700年前的变革思想及方法,对于今天的中国企业转型是否还具有深远的指导意义呢?

为了解决这个问题,我们在研究管子变革思想时,认真梳理出了与今天中国企业密切相关的部分理念。从而形成了能够帮助企业转型升级破题的五大模式——分配模式、盈利模式、融资模式、组织模式和人力资源模式。

第一，分配模式的变革

面对经济崩溃、人们长期在水深火热中挣扎的局面，管子认为：凡治国者必先富民。民富则易治，而民贫则难治也。正所谓光脚的不怕穿鞋的，一个人如果连饭都吃不饱，跟他谈理想、目标无异于鸡同鸭讲。但一旦富裕了之后，才会"仓廪实则知礼节，衣食足则知荣辱。"

那么如何实现"富民"的目标呢？管子认为首先要发展农业生产。因为"五谷粟米，民之司命也"，"粟者，王者之本事，人主之大务也"。为了发展农业生产，就要"辟田畴、制坛宅、修树艺、劝士民、勉稼穑、修墙屋，此谓厚其生"。为鼓励农民耕田，管子首创人类史上土地承包制，推行"均田分力""相地而衰征"政策，较好地适应了当时生产力和生产关系，大大促进了生产力的发展。使齐国收到了"粟如丘山"之效，使社会经济基础发生了巨大的变化。"均田分力"就是把土地经过公开折算后租给农民，使其分户耕种。《管子·乘马》中说："把土地分下去，实行分户经营，可以使人民自觉抓紧农时。他们会知道季节的早晚、光阴的紧迫和饥寒的威胁。他们会自觉地早起晚睡，全家人都关心劳动，不辞劳苦地经营。若不实行均田分力，地利就不能充分利用，人才不能充分发挥。不告之农时，人民就不抓紧；不教以农事，人民就不积极干活。""均田分力"把劳动者在土地所有者野蛮强制下的劳动，变为自觉主动尽心尽力的劳动，大大提高了生产效率。

与"均田分力"相配套的是"相地而衰征"的新田赋制改革，就是依据土壤的肥瘠征收数额不等的实物农业税。"相地"又称"相壤"，就是把可耕地核正准确，再对土壤进行质量区分。

重农,但不轻商。管子说:"无市,则民乏矣。""无末利,则本业何出?"只有农、工、商各业同时兼顾,才能做到"务本饬末则富"。

在工业上,管子首创国有民营理念。他推出的盐铁专营政策,是国有民营而非政府亲自经营。

> 管子首创国有民营理念。他推出的盐铁专营政策,是国有民营而非政府亲自经营。

比如食盐工业,管子实施专卖方针,敞开盐池让民间自由出产,然后由国家统一收购。因为掌控了盐业的出售和产值,进而掌控了报价,国家和商贾都获利颇丰。再如冶铁业,管子首先明确了矿山资源归国家所有,所谓"泽立三虞,山立三衡",然后敞开冶铁作坊业,由民间商人自主经营,但政府对所生产出来的铁器进行统购统销。其利润民商得七成,政府得三成。《管子·轻重乙》:"与民量其重,计其赢,民得其七,君得其三。"

后世之人大都以为管子兴办公营盐场或公营铁厂,是国有企业的始祖,以为专营即是公营,纯属想当然。《管子·海王》篇记载,齐桓公曾要求管仲下令"断山木,鼓山铁",禁止民间商人经营冶铁。管子不同意。管子说:"如果那样去做,会激起民怨,一旦国家危难,则怀宿怨而不战。未见山铁之利,而内败矣。故善者不如与民分利共赢,民得其七,君得其三。"这就是说,如果国家以垄断经营的方式经营冶铁,在政治上和经济上都是得不偿失的。

为了更好地调动齐国人民发展经济的积极性和动力，管子又提出了薄赋敛的理念。管子说"取于民有度，用之有止，国虽小必安"（《管子·权修》）。这段话的意思是，对国民征收有度，耗费又有控制的，国度虽然小也一定安定；对人民征收无度，消耗又不节制的，国家固然大也必定消亡。管子奉劝齐桓公，必需实施德治，勤政节省，取民有度。假如为了满足个人穷奢极欲的生涯而对人民苛捐杂税，这样的国家早晚会灭亡。

> 取于民有度，用之有止，国虽小必安。

分配模式的变革激活了齐国人民追求财富的无限动力，人类史上首次大众创业和万众创新的浪潮在齐国大地上如火如荼地开展起来。

魏承思先生曾评价说："自管仲之后中国社会历经了上百次变革，每一次都携带着管子思想基因。"回顾一下 1978 年 12 月十一届三中全会起中国开始实行的对内改革、对外开放的政策，无论是安徽省凤阳县小岗村的农村土地联产承包责任制，还是马胜利承包石家庄造纸厂，无不是以分配模式的变革激活人的动力，无不是管子变革思想的延续。

小岗村的农村土地联产承包责任制，让农民告别了人民公社时代忍饥挨饿、吃不饱穿不暖的生活。马胜利承包石家庄造纸厂当年企业就扭亏为盈，工人也分得了奖金。在互联网时代的今天，中国企业又该怎样借鉴管子思想变革自己的分配模式，从而激活员工动力呢？

案例：海尔"转基因" "雷神"引发新创客运动

2014年1月16日，海尔集团董事局主席兼首席执行官张瑞敏在海尔内部年会上，首次对外界宣布，海尔基于互联网思维下的"三化改革"——即"企业平台化、员工创客化、用户个性化"改革启动以来，海尔旗下近千个小微组织，开始了一场内部"竞赛运动"。

当下，最先涌现出来的似乎是一个当初并不起眼的"小微"——"雷神"。

这个由三位"85后"男生——李宁、李艳兵和李欣发起的海尔内部创业组织，主攻产品是游戏笔记本电脑。目前，仅仅诞生4个月的雷神，其月均销售成绩已经达到3000台左右（每台售价为5999～7999元），2014年其销售目标为4亿元人民币。虽然，这个项目还仅仅处于起步阶段，但在外界看来，海尔基于互联网思维的"转基因"工程已经开始真实发挥效力。

李宁，生于1986年，雷神项目产品经理。当《中国经营报》记者从他手里接过银光闪亮，显著印有两个大大二维码的、颇带游戏范儿的名片时，你并不了解他生长于海尔这家传统制造型企业的土壤中。

在这个年轻人的名片上，你看不到丝毫与"Haier"有关的讯息，但他却真实是海尔创客组织中的一员。

对于海尔来讲，雷神具备实验意义和标志意义；而对于雷神来讲，在这个多达7万人的庞大传统制造企业"母体"里，它需要努力生存以证明自己存在价值。

三个"85后"的创业故事

"如果不能满足消费者的需求,那么产品为零,用户也为零。"

"当你明明知道这是一项不可能完成的任务时,你会怎么做?"李宁表示,他在海尔接到的第一项任务是:完成海尔电脑在电商平台上的销售工作。

"在电商平台上,比价变得轻而易举。不幸的是,此时你发现你的产品价格不如别人、性能不如别人、品牌也不如别人。"李宁说,当时,在他的面前只有两种选择:第一是固守并修缮;第二是抹掉并重来。

2003年,海尔电脑由海尔集团联手台湾宝成集团旗下的精成电子科技集团创立。不过,在PC市场传统格局相对成熟的情况下,海尔电脑并没有突出重围,实现理想中的差异化崛起。

"如果不能满足消费者的需求,那么产品为零,用户也为零。"面对巨大的困难,这位"85后"男生与他的小伙伴们选择了"归零",推倒重来。

不过,"归零"之后,这个全新团队面临的问题是:如何重新定位?

2013年,整个PC市场均呈现萎缩的态势,这与移动端产品的强势发展有着相当大的关系。然而,虽然2012年整个PC市场表现萎靡,不过对于游戏笔记本来说却是发展相当迅速的一年,这个领域 似乎并未受到整

个行业的影响。不仅如此,由于购买游戏笔记本的人群普遍为游戏玩家,他们更强调产品性能,而非价格,因此这类笔记本在售价和利润方面也普遍高出其他类型产品。

定位于游戏笔记本电脑业务,李宁有了最初的想法,2013年7月,他拉上了对上游环境很熟悉的"85后"李艳兵,以及善于跟用户零距离沟通的"90后"李欣,组建了海尔内部全新的小微创客团队——"雷神",并开启了一场从无到有的艰难创业历程。

无交互,不雷神

明星产品并不等于完美产品,就像人无完人一样,产品完美就没有话题了;产品完美就没有时间了。

那么一款全新的产品如何实现从无到有呢?

交互——用互联网思维创造,在李宁看来,这似乎是一个不错的选择。

最初,李宁们选择了以知名的B2C平台网站——京东商城为"根据地",在京东平台上,他们搜集了3万条有关笔记本电脑的中差评,并把这3万条中差评所涉及的问题归结为13项,包括屏幕上有亮点、分辨率低等。"我们希望打造一款明星级产品,目标就是能够解决这13项问题。"

"不过,明星产品并不等于完美产品,就像人无完人一样,产品完美就没有话题了,产品完美就没有时间了。"此时的李宁深深受到了小米公司董军长雷军互联网思维7字诀"专注、极致、口碑、快"的影响，在他看来，新项目想要获得成功必须要"以时间换空间"。

> 互联网思维7字诀"专注、极致、口碑、快"。

"雷神一代产品我们只解决了13项问题中的8项。"李宁说："我们当时找到位于昆山市的游戏本知名代工企业蓝天集团，与他们一同研究产品的改进方法和性能，最后决定抢先上市。"

当然不可否认，在首批500台游戏本推出后，产品收获了不少差评。比如，有客户反映屏幕上偶有亮点（即白色瑕疵点）。"我记得当时在500人中有12个人反映这个问题。"李宁说，起初，他还像外交官一样解释按照国家标准，"三个亮点可以不修""所有品牌都难免"等。但后来他发现，这种沟通效果很不理想。

"客户基本是游戏玩家，他们在游戏里可以是国王、是英雄，同样在游戏外，他们也有做国王、做英雄的心理。"李宁说，"我们需要研究这种心理，并满足这种心理。"

"之前面对客户提出的问题，我们的应对方法是说：'你不懂'、'你有问题'，现在的方法是说：'我有问题'、'我怎么改进'、'我的下一代产品已经改进'。"李宁说。

海尔的"转基因"组织

两种思维的对撞在海尔内部是可以明显感知到的,有行业观察者将其归结为:冰箱思维PK雷神思维。

李宁表示,其实产品并没有客户说的那么差,他们只是想要一个态度,一种关注而已。而一旦客户认可了你的产品,他就会主动帮助你传播,并发动别人关注。"比如在无锡,我们有位名叫葛岩的客户,他会主动帮雷神销售产品,还会主动帮助我们在QQ群里解答其他客户提出来的问题。"而这就是雷神通过交互产生的客户,也是雷神的"铁粉"。

当然,这种交互并不仅仅是面向产品本身的,包括"雷神"的名称、品牌口号都产生于交互。

李宁介绍,他们把曾经与海尔有过合作的腾讯、盛大等游戏公司的资源找出来,让他们推荐一些游戏工会、游戏战队,然后"潜入"这些群里。经过一个月的探讨,以"85后"为主的玩家,公认当年的《雷神之锤》是鼻祖游戏,加上当时正在热映的电影《雷神》,总结出雷神代表着欧洲的一种文化,而网络游戏也正始于那儿。因而,李宁也顺势选择了"雷神"为项目命名。"包括雷神的品牌口号:'雷电速度,神机服务'亦产生于此。"李宁说。

从2013年7月到12月,仅用了5个月时间,一款全新的游戏笔记本电脑品牌——"雷神"在首发的500台售罄后,又实现了3万人的预订。第二批3000台,20分钟即被抢购一空,问世仅半年便跻身京东商城游戏本销量亚军。

不仅如此，据李宁说："雷神目前月销售 3000 台左右，净利润可达 5 个点。而与此相对，一些竞争对手的相关产品净利润可能连一个点都不到。"

当然，对于这个全新的团队来讲，接下来的挑战也是显而易见的，它主要来自三个方面：

第一是如何建立可持续交互的生态系统

目前，雷神"战队"已经在三个地方开辟了"战略据点"，分别是：腾讯 QQ 群、百度贴吧和微信。"但当下雷神粉丝量已经达到 18.3 万人，而且每天的粉丝增长量高达 7000～8000 人。"李宁认为，以目前的交互量和粉丝增长情况，三个据点已经远远不能满足雷神的服务需要。他们需要寻找并建立新的据点，创立新的粉丝经营工具。据了解，目前雷神官网正在建设过程中，李宁需要用更大圈子的力量来凝聚雷神"小宇宙"。

第二是如何建立粉丝规则和成长秩序

在中国社会科学院工业经济研究所企业管理研究室主任王钦看来，互联网经济发展的最大特点是实现了平台聚合，并减少了平台成本。但这种发展方式所依赖的根本路径在于，平台主需要持续大量地获取信息。只有通过建立合理的粉丝规则和成长秩序，才能让平台获取更多的信息。而能否在平台壮大之后，建立起良好的游戏规则对于"雷神"来讲，是保证其能否持续做大的关键所在。

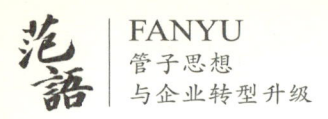

第三是如何让新项目健康生长于海尔土壤

两种思维的对撞在海尔内部是可以明显感知到的，有行业观察者将其归结为：冰箱思维PK雷神思维。

所谓冰箱思维即指，海尔内部传统制造思维，也可以称之于NO.1的王者思维。而与此相对，则是以"雷神"为代表的客户交互思维和"屌丝"思维。

"如果要让雷神生存得更好、更健康，一定程度上，保持'雷神'品牌相对于海尔品牌的独立性很重要。"海尔内部某高管表示，接下来，"雷神"发展可能会经历三个阶段：独立运营——资本跟投——引入风投。而后面两步对于海尔"小微"创客而言，则更具突破发展的味道。（来源：中国经营报）

第二，盈利模式的变革

管仲变革，由于推行了取民有度，薄赋敛的政策。所以，虽然齐国的经济发展起来了，但是更多的财富则流向了民间，人民变得富有了。国家的税收虽然也有一定的增长，但是领导者们却发现没有他们预期的那么多，于是齐桓公与管仲多次切磋富国之策。

齐桓公始终想对人口、房屋楼台、树木、六畜征税，但管子却坚决不同意。管子认为，税收是有形的，直接向老百姓收取财物，自然会招致人民的不满。最好、最理想的办法是"取之于无形，使人不怒"。《管子·国蓄》："民予则喜，夺则怒，民情皆然。先王知其然，故见予之形，不见夺之理。"据此，管仲提出了"寓税于价"的办法——把税收隐藏在商品里，实行间接征收，使纳税者看不见、摸不着，在不知不觉中就纳了税，如此不至于造成心理上的抵抗。

在具体办法上，管仲给出了简单的七个字："唯官山海为可耳。"——只要把山、海的资源垄断起来就可以了。山上出铁矿，海里产海盐，是为盐铁专卖制度。

在农耕时期，盐和铁是最为重要的两大支柱性产业，无一民众可以须臾离开。管仲对盐和铁的专卖收入做过举例说明。他说，万乘之国的人口约为千万，如按成人征人头税，应缴纳者约为一百万人，每人每月征三十钱，为三千万钱。如果进行盐的专卖，每升盐酌量提价出售，每月可能得到六千万钱，就可望得到一倍于征人头税的收入。而在表面上，政府确乎不曾征税，不致引起人民的"嚣号"反对。不仅在国内如此，还可运盐出口而获取重利，这等于煮沸取之不尽的海水就可以迫使天下人向齐国纳税，即"煮沸水以籍天下"。《管子·海王》："令盐之重升加分强……千钟二百万……禹策之……万乘之国，正九百万也。月人三十钱之籍，为钱三千万。今吾非籍之诸君吾子，而有二国之籍者六千万。"

> 民予则喜，夺则怒，民情皆然。故见予之形，不见夺之理。

铁的专卖也是一样。管仲说，大凡一个农户，无论是从事耕作还是做女工，都需要针、刀、耒、耜、铫、锯、锥、凿等铁制工具，只要在一根针上加价一钱，三十根针就可收三十钱，即等于一人应缴的人头税了，

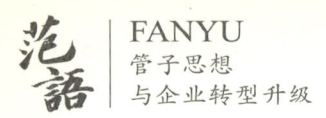

由此类推，则全国收入总数亦不下于人头税的征收总额。表面上，国家并没征税，实际是"无不服籍者"。《管子·海王》："令针之重加一也，三十针一人之籍；刀之重加六，五六三十，五刀一人之籍也；耜铁之重加七，三耜铁一人之籍也。"

管仲提倡盐铁专营，但不主张政府亲自下场创办国营盐场或国营铁厂——后世之人学管仲，认为专营就是国营，多入歧途。

比如盐业，管子实行的是专卖政策，开放盐池让民间自由生产，然后由国家统一收购。由于控制了盐业的销售和产量，进而就控制了价格。齐国的盐销售到别国去，售价可以抬高到成本价的四十倍，国家和商贾都得利颇丰。

在冶铁业上，管子实行的是国有民营。但须政府控制铁器的定价权，并对所生产出来的铁器进行统购统销。在这些前提之下，管子开放冶铁作坊业，允许由民间商人自主经营，其增值部分，民商得七成，政府得三成，相当于征收30%的所得税。《管子·轻重乙》："与民量其重，计其赢，民得其七，君得其三。"

由政府控制资源所有权，然后把经营权下放给民间商人，以一定比例分配利润，这就是后世非常流行的"资产国有、承包经营"的雏形。

盐铁专营的政策，对后世政权产生了重大且根本性的影响，在某种意义上让中国从此成为一个"独特的国家"。

其实，在2700年之后的今天，当我们在研究企业转型升级之盈利模式的时候，管仲的官山海思想，对我们仍具有重要的启发和指导意义。

案例：四川航空大巴车免费乘坐但盈利却上亿元的秘密

相信不少人都有过搭飞机的经验。我们知道，通常下了飞机以后还要再搭乘另一种交通工具才能到达目的地。在四川成都机场有个很特别的景象，当你下了飞机以后，你会看到机场外停了百部休旅车，后面写着"免费接送"。

如果你想前往市区，平均要花150元人民币的车费去搭出租车，但是如果你选择搭乘那种黄色的休旅车，只要一台车坐满了，司机就会发车带乘客去市区的任何一个点，完全免费！你是乘客你要不要搭乘？

居然有这样的好事呀？请先略读下面这则新闻：

四川航空公司一次性从风行汽车订购150台风行菱智MPV。四川航空公司此次采购风行菱智MPV主要是为了延伸服务空间，挑选高品质的商务车作为旅客航空服务班车来提高在陆地上航空服务的水平。为此，川航还制定了完整的选车流程。作为航空服务班车除了要具备可靠的品质和服务外，车型的外观、动力、内饰、节能环保、操控性和舒适性等方面都要能够达到服务航空客户的基本要求。

四川航空，这家航空公司，向风行汽车买了150辆休旅车，这么大一笔订单当然是为了要提供上述免费的接送服务用途。四川航空一方面提供的机票是五折优惠，一方面又给乘客提供免费接送服务，这一举措为四川航空

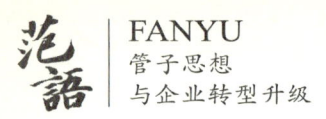

带来上亿元利润。我们不禁要问：免费的车怎么也能给它创造这么高的利润？

这就是商业模式的魔力。

原价一台 14.8 万元人民币的休旅车，四川航空要求以 9 万元的价格购买 150 台，提供给风行汽车的条件是，四川航空令司机于载客的途中提供乘客关于这台车子的详细介绍。简单地说，就是司机在车上帮车商做广告，销售汽车。在乘客的乘坐体验中顺道带出车子的优点和车商的服务。每一部车可以载 7 名乘客，以每天来回 3 趟计算，150 辆车，带来的广告受众人数是：7×6×365×150，超过 200 万的受众群体，并且宣传效果也非同一般。

司机哪里找？想象一下在四川有许多找不到工作的人，其中有部分很想当出租车司机。据说从事这行要先缴一笔和轿车差不多费用的保证金，而且他们只有车子的使用权，不具有所有权。因此四川航空征召了这些人，以一台休旅车 17.8 万元的价钱出售给这些准司机，告诉他们只要每载一个乘客，四川航空就会付给司机 25 元人民币。

四川航空立即进账了 1320 万元人民币。你或许会有疑问：不对，司机为什么要用更贵的价钱买车？因为对司机而言，比起一般出租车要在路上到处找客人，四川航空提供了一条客源稳定的路线，这样的诱因当然能吸引司机来应征！这 17.8 万元里包含了稳定的客户源，特许经营费用以及管理费用。

接下来，四川航空推出了只要购买五折票价以上的机票，就送免费市区接送的活动！基本上整个资源整合的商业模式已经形成了。

我们继续分析，对乘客而言，不仅省下了150元的车费，也解决了机场到市区之间的交通问题。划算！对风行汽车而言，虽然以低价出售车子，不过该公司却多出了150名业务员帮他卖车子，以及省下了一笔广告预算，换得一个稳定的广告通路。划算！对司机而言，与其把钱投资在自行开出租车营业上，不如成为四川航空的专线司机，获得稳定的收入来源。划算！至于对四川航空而言呢，这150台印有"免费接送"字样的车子每天在市区到处跑来跑去，让这个优惠讯息传遍大街小巷。这还不够，与车商签约在期限过了之后就可以开始酌情收广告费（包含出租车体广告）。最后，四川航空最大的获利，别忘了还有那1320万元。当这个商业模式形成后，根据统计，四川航空平均比往常每天多卖出万余张机票！回想一下，四川航空付出的成本是多少？

到这里，各位一定发现了资源整合的惊人效益！

分析：商业模式是什么？

从四川航空的案例不难看出，商业模式就是打造一个平台，让你在上面既能做好人，又能做好事。模式是要从一个点到一条线再到一个面，再编织一张网，最后形成天罗地网。

模式怎么盈利？

老板的任务不是自己在舞台表演，而是创造或搭建一个空间无限的大舞台，让更多的人去舞台上面表演，任何人只要具备条件就可以上去表演。

最近一家公司市值超过了微软，就是苹果电脑。它打造了世界上最大的软件平台，上面几万套软件可以下载，手机软件也可以下载，但是没有哪个软件是苹果自己花钱做的。"此路是我开，此树是我栽。欲想此处过，留下买路钱。苹果电脑，山贼是也。"这就是苹果的商业模式。凡是成功的商业模式都有这么一个共同之处，找到更多的人给自己支付成本，找到更多的人给自己创造利润。苹果电脑如是，四川航空亦如是。

具体来说，我们怎么才能找到更多的人给自己创造利润和支付成本？这里要考虑三个关键词："最大化""利益相关者""提供服务"。

"最大化"，就是最大化企业的价值。

比如四川航空，让司机当起了业务员，让乘客成为汽车的潜在消费者。在某种程度上让消耗者变成消费者，这本身是让企业价值得到了最大化的发挥。

"利益相关者"，就是在这张天罗地网中的各个利益群体。

一套好的商业模式是多赢的。四川航空在设计这套商业模式时，设计的利益相关者有乘客、司机、风行汽车公司和航空公司。四方的利益都得到照顾，各取所需。

"提供服务"就是为各个利益相关者提供服务，从而使得他们为你带来业务。

由此总结，使企业的价值最大化，在企业价值最大化的过程中为所有的企业利益相关者提供服务，通过提供服务让他们给企业带来业务，这个过程中所形成的交易结构，就是四川航空的商业模式。（来源：世界经理人）

第三，融资模式的变革

今天的融资模式是从2700年前的春秋战国时期开始形成的你信吗？春秋时期的人懂得融资吗？你还真别小瞧了古代先贤的智慧。我认为管子不仅是世界融资模式的鼻祖，更是人类社会改革开放、招商引资的第一人。

管仲变革齐国，首先提出四民分业，将士农工商并列，在中国历史上第一次将人们按职业划分为社会集团。自此后中国历代王朝皆基本接受了这种典型的职业划分——士农工商。其次，通过"均田分力""相地而衰征"调动了农民的积极性。同时推广使用铁制农具，提高了生产力，使大量荒地得到开垦。还建立了国有储备粮制度，丰年价贱时多收粮食，荒年价贵时抛出积粮，以稳定物价，保护农户不致因丰歉而受到伤害。第三，通过"官山海""盐铁专营"既寓税于价，增加财政收入，又在人类社会首次掀起了大众创业和万众创新热潮。第四，通过"取民有度""薄赋敛"等一系列政策，让更多的财富流向了民间，使人民富有了，社会和谐了，政治稳定了。

但是，齐国毕竟只有区区200万人口，又刚刚结束内乱。如果只靠独立自主，自力更生，短时间内实现强国梦是不可能的。也正因此，人类史上首次改革开放、招商引资的战略在齐国开始了。

公元前684年,齐国正式推出对外开放和招商引资的政策。齐国地处海边,渔业和煮盐业一贯兴旺。管子颁布零关税法令,鱼盐能够自在出口,关口只挂号而不予交税,以为诸侯各国提供便利。其他的出口商品也实施单一税制,在关口已征过税了的,在商场上就不再征税了,反之亦然。"通齐国之渔盐于东莱,使关市讥而不征,以为诸侯利……"(《国语·齐语》)

不仅如此,对于前来齐国经商的商人,管子更是大开国门,无尽期待,并在政策上给予优惠,提供一切可能的支持。"空车来的不要去讨取税费,步行背东西来的不要去交税,这样来的人就会越来越多"。管子还下令在齐国首都临淄专门建立款待外国商人的客栈,"每三十里有一处,来一搭车者供应人员饭食,来三搭车者供应马的饲料,来五搭车者配备可供客商自行调遣的人员。"从此,"全国之商贾归齐若流水"。

案例:"好邦客"车行逻辑

"好邦客"是什么

在国内,有这么一家车行,将国外的汽车银行俱乐部与中国民间的互助会两种形式混合,凭借"比租车便宜,比买车更方便"的理念,帮助工薪族实现了用车的梦想。这个车行开在长沙,名叫"好邦客"。

"好邦客"庞大的潜在消费群是想拥有座驾,无奈囊中羞涩的工薪族。他们只要办理入会手续,到指定银行缴纳15000元保证金并办理储蓄卡就可以成为会员。按正常程序享受租车服务并按使用时间、所付费用累计积分。积分达到一定程度就可从"好邦客"拿走一辆相应型号和相应新旧程度的车辆。"好邦客"还以托管、储蓄等方式吸纳二手车。二手车储户存入车辆后即为"好邦客"会员，并可以随时使用"好邦客"的任何车辆。托管车辆在托管期满后可以按约定取回车辆，享有托管收益，并可获得车辆使用费30%的现金返还。

凭借20万元的启动资金，"好邦客"现已成为盈利3000万元的地方特色车行。它成功的关键就在于用少量的资金撬动了汽车租赁、汽车销售和二手车交易的联动消费市场。

"好邦客"模式如何搭建

第一步：搞定银行

"好邦客"的成功在于首先搞定了商业银行。当它们仅仅有20万元钱的时候，就开始了与银行的谈判，"好邦客"给银行开出的诱惑条件是：第一，"好邦客"将20万元作为风险保证金，合作期内永远放在银行，不动用；第二，"好邦客"的会员开户时，每个会员交纳15000元开户保证金并存入银行，一直不动用；第三，"好邦客"的每个会员都在银行办一张储蓄卡，由银行在"好邦客"服务中心安装柜员机，委派两名工作人员在"好邦客"定点，并由"好邦客"工作人员监督刷卡。"好邦客"会员租车消费后，会员的消费款刷卡转入"好邦客"的账户之后，由银行监控，未经银行同意，"好邦客"无权动用，该笔资金原则上用来偿还到期的银行开出的承兑汇票。

"好邦客"只有一个条件：银行定期向"好邦客"的汽车供应商（即汽

车工厂）开具半年至一年的银行承兑汇票。此模式能化解银行的风险，一切商业活动和资金流向均在银行的掌控之中，而且银行有两大收获：一是增加了银行的存款余额，二是开具承兑汇票有一定的手续费和利息收入。于是，银行成了"好邦客"模式的积极推动者。

第二步：搞定汽车生产厂

"好邦客"开始了与上海大众、广州本田等汽车生产工厂的谈判。"好邦客"让银行开具6个月至1年的银行承兑汇票，并且银行承兑到期前的正常贷款利息由"好邦客"支付。汽车生产厂一算，也没吃亏，而且现在的生意也不好做，也就爽快地答应了。

第三步：搞定消费者

就凭"比租车更便宜，比买车更方便"的理念，搞定消费者就相对来说要容易得多。没有大张旗鼓的宣传，"好邦客"在《长沙晚报》做了一个开业的广告，开业第一天就来了几千人，办好了500多个入会手续。

第四步：搞定内部

"好邦客"搞定自己就是要制定从入会、租车、送车、验车、刷卡转账、过户手续办理等一整套的规章制度和服务手册，并在实践中加强流程控制。

通过四个步骤，"好邦客"形成了具有独特特色的商业模式，为企业创造了巨大的财富。

好邦客操作步骤

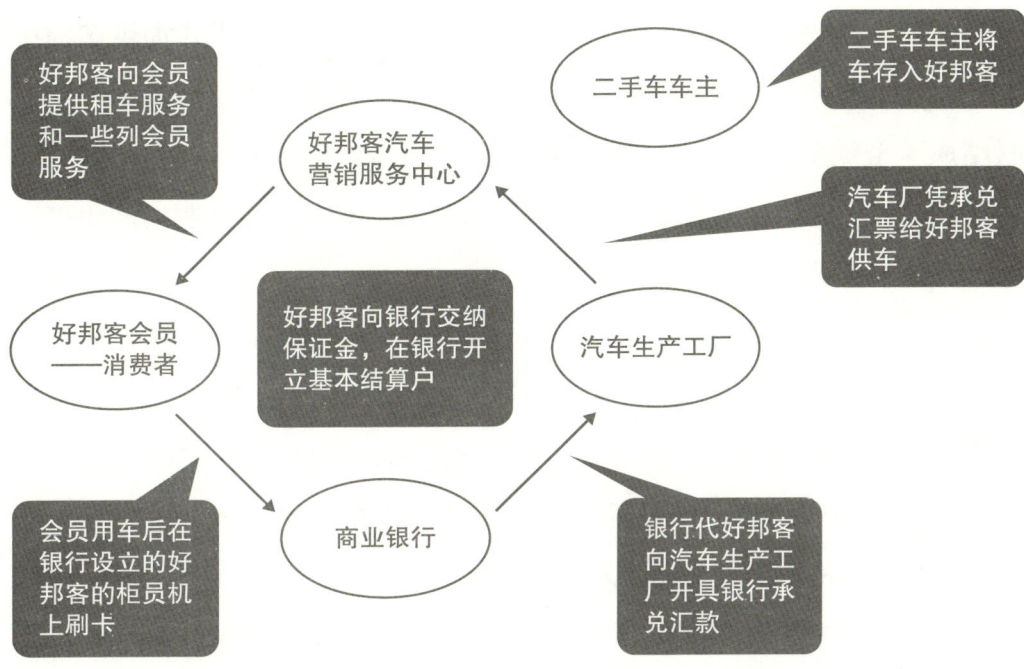

模式解析

企业名称	好邦客车行
主营业务	汽车俱乐部
价值主张	比租车更便宜，比买车更方便。
模式核心	1. 模式的核心是资源的有效整合。它用少量的资金撬动了以资本为龙头的汽车生产、销售、投资、消费融合在一起的金融、销售、投资、租赁、二手车交易市场。 2. 将汽车的整车销售以拆零的方式实现了租与售有机的结合，既符合了中国人的消费心理，又符合了中国人的消费习惯。 3. 以储蓄的形式吸纳了大量二手车。"好邦客"从二手车的交易中获取了不少利润，成功地不用投资就将二手车作为"好邦客"的车辆蓄水池。 4. 巧妙地应用了长尾理论，改变了过去的汽车营销主要面向少数强势群体的游戏规则，将80%的潜在群体推向前台，让他们提前实现了有车的梦想。
盈利点	汽车租赁收入，二手车交易收入，增值服务收入。

【点评】"好邦客"模式中最核心的逻辑是较好地利用了银行的信誉。银行的加入是"好邦客"成功的关键,因为银行为这个模式提供了信誉上的保障。汽车经销商通过银行信用作保证,把消费者和汽车生产厂家联结成一个链条,四者通过链条的转动达到互助、互惠、互利,同时又将四者的投资风险控制在最低限度,形成了相互依赖、相互制约的生产、经营、金融和消费链条。

"好邦客"模式创造了一种中国特色的信用消费,并且是一种可以大面积复制的商业模式。如果将"好邦客"的商业模式在时间上和商品种类上广泛推广,建立电讯、家电、房产、汽车、高尔夫、游艇等大宗消费品和奢侈品的消费银行,对激活消费需求具有十分重要的意义。"好邦客"商业模式变单纯的"储蓄未来"为"投资和消费未来",变"未来潜在需求"为"现实需求"。

第四,组织模式的变革

组织模式的变革往往是伴随着运营方式的转变。运营方式一旦发生转变,组织模式就必须要变革。因为一个组织的运营方式变了,管理方式就得变,而管理方式恰恰就是组织结构里面的权利、责任的分配的问题。所以说,任何一次变革都会伴随着组织机构的变革、权利分配机制的变革。换言之,生产关系必须要与生产力相匹配,反之,生产关系就会成为制约生产力发展的绊脚石。

那么,管子在齐国进行了哪些的组织变革呢?概括出来就一句话,叫作"三其国而五其鄙"。

所谓"三其国"，就是将把国都划分为六个工商乡和十五个士乡，共二十一个乡。十五个士乡是齐国的主要兵源，齐桓公自己管理五个乡，上卿国子和高子各管五个乡。这是历史上"三军"的来历。把国政分为三个部门，制订三官制度。官吏有三宰，工业立三族，商业立三乡，川泽业立三虞，山林业立三衡。

所谓"五其鄙"，就是将鄙野（国都之外的广大地区）分为五属，设立五大夫、五正官分管。属下有县、乡、卒、邑四级，分别设立县帅、乡帅、卒帅、司官管理。整顿行政系统的目的是"定民之居"，使士、农、工、商各就其业，从而使部落的残余影响被彻底革除，行政区域的组织结构更加精细化，并且有效地维护了社会稳定。

这个变革的意义就大了。大在哪里呢？过去，我们把清朝以前秦朝以后的两千多年称之为封建社会，秦朝以前则称之为奴隶社会。其实，这是一个极大的错误认知。因为周朝（含春秋战国）才是封建社会，秦朝以后根本就不是封建社会。什么是封建？根据《左传·僖公二十四年》："昔周公吊二叔之不咸，故封建亲戚，以蕃屏周。"就是周王把亲戚功臣封为诸侯，让他们统治各自国家，共同保卫周朝。这，就是封建的来源。

著名学者吴思提出，秦朝以后的历朝历代不是封建社会，而是官家社会。吴思提出的这种官家社会的定义与其他学者提出的专制社会和集权社会的定义相比，区别在于官家社会的专制和集权并不是在皇帝一个人手中，而是在一个官僚集团的手中。

为什么一定要在组织变革中谈论封建社会与官家社会的区别呢？

这是因为:

其一,封建社会是中国历史上最辉煌的一个时期,而此后中国历史中的种种龌龊卑鄙等,都与封建社会没有关系。

其二,封建社会不是中央集权,中央对诸侯国只是共同宗主,起到指导、调停等作用。中央政权不会直接就任何事物发布命令或者法令。

其三,诸侯在自己的国家内同样具有封建的权力,因此有些国家又分成更小的"国家"或单位。

而秦以后的官家社会,高度中央集权。由于权力集中在中央,可是权力也是必须由人来掌握的,所以权力实际上也就高度集中于某个人或者某个集团。于是就形成了官家集团,权力高度集中于官僚阶层。

权力的集中必然导致腐败,因此随着时间的推移,官家集团的腐败也就日渐严重,直到腐败透顶,人民无法忍受而发动起义。

企业管理亦如此。所谓"大企业病"就是官家社会权力高度集中的具体表现形式。组织机构设置不合理、不科学,机构臃肿,效率低下,人浮于事,以至于市场反应迟缓和迟钝,成为名副其实的"官僚机构",最后必然的结果是腐败和衰落。

"大企业病"患者一般都会有许许多多的中层领导、高层领导和负责人,可能一个报告需要签字的人数为几个、十几个,甚至几十个。遇到利益有一堆人竞争，到了关键时刻则互相推诿责任，使下属不知所以，严重影响企业的发展。

人才流失本来不是"大企业病"的特征，但却是"大企业病"的最终结果。主要原因在于企业缺乏凝聚力，人才得不到重视，企业发展缓步不前，最终，轻者使真正有激情、热爱事业的人才流失掉，重者，企业破产倒闭。

那么今天处在转型期的企业，如何借鉴管子的组织变革思想建设符合互联网时代的组织机构呢？

案例：解读海尔的"倒三角"理论

传统的企业组织结构，如同一个"正三角"。管理者在最高层，员工在最底层，就像一个金字塔。这种组织形式很稳定，但是缺少活力。员工根据领导的指令才能感知市场需求的变化，这显然不能适应瞬息万变的用户需求。

海尔所探索的，就是把"正三角"变成"倒三角"。员工在最上面，直接面对用户需求；领导在下面，提供资源和平台，帮助员工去满足用户需求。通过近七年的探索，海尔集团成为一家采用"倒三角"组织结构的大型跨国公司。

从1984年创立至今，海尔的员工人数从不到1000人，发展到现在的近6万人。著名管理大师彼得·德鲁克说：组织的目的是让平凡的人做出不平凡的事。海尔所探索的"倒三角"自主经营体组织结构，就是让每一个海

尔员工通过为客户创造价值而体现自身的价值。海尔的探索已经获得众多国际商学院的关注，并得到高度的认可。美国沃顿商学院是这样评价海尔探索的让员工自主经营的管理模式，"这不是方法，是管理的颠覆"。

"倒三角"不稳定，静态的"倒三角"立不住，就像陀螺，必须转动起来才能不倒，而且要不停地转。让"倒三角"持续不停转动需要两个力，分别是外驱力和内驱力。经过长期的探索和实践，海尔形成了四大核心机制，这四大机制构成了让"倒三角"组织有效运转的外驱力和内驱力。

第一，顾客驱动机制

这一机制是"倒三角"组织的外驱力。在海尔，企业由三类自主经营体组成。一级经营体处于市场一线，对于是否开发某项产品或服务拥有决策权。他们可以倒逼二级经营体，让其提供资源和流程支持。同理，二级经营体也可以倒逼三级经营体。三级经营体不再"发号施令"，而是要保证不同经营体之间能有效协同，同时要注意大的趋势，发现战略性的机会。通过建立顾客驱动机制，海尔希望能够实现"与顾客零距离"。

第二，契约机制

这一机制是"倒三角"组织内驱力的重要来源。在海尔，不同经营体之间互为客户，每个经营体既服务于其他经营体，也享有其他经营体的服务。连接自主经营体之间的关系，不是传统意义上的上下级关系，而是契约关系。在契约关系中，"适者生存"是最高法则。一位员工表示："在海尔，每个人都必须找到自己的顾客，都必须创造价值。"通过建立契约机制，海尔希望能够实现"内部协同零距离"。

第三,"人单酬"机制

这一机制和契约机制有机地协同起来,成为"倒三角"的内驱力。在海尔,每个自主经营体和个人都是价值创造过程中的一个节点,其存在的基础是"单",即目标。每个节点都需要明确自己的顾客,把顾客需求转化成自己的"单",然后根据"单"的完成情况获得薪酬。此机制包含两个关键的环节:第一个环节是预酬,即事先算赢;第二个环节是"关闭差距",即关闭现状与目标的差距。通过建立"人单酬"机制,海尔希望能够实现"闭环优化"。

第四,"官兵互选"机制

"官兵互选"在"倒三角"组织中建立了上下互动的驱动机制,这是"倒三角"内驱力的另一个重要来源。在海尔,领导者不是由上级来任命,而是采取"官兵互选"来筛选和优化,任何人都可以拿出实施方案,公开竞聘经营体长。经营体长被选出后,可以组建自己的团队。如果经营体没有实现预期目标,员工有权力让体长"下课"。"去领导化"是海尔组织变革的重要课题,而"官兵互选"则是"去领导化"的重要手段(来源:慧聪网)

第五,人力资源模式的变革

桓公元年,召见管仲。管仲到后,桓公问:"国家能够安定吗?"管仲回答说:"您能建立霸业,国家就能安定;建立不了霸业,国家就

不能安定。"桓公说:"我不敢有那么大的雄心,只求国家安定就成了。"管仲再请,桓公还说:"不能。"管仲向桓公告辞说:"君免我于死,是我的幸运。但是我之所以不死于公子纠,是为了要把国家真正安定下来。国家不真正安定,要我掌握齐国政事而不死节于公子纠,我是不敢接受的。"于是管仲刚走到大门,桓公又召他回来。管仲回,桓公流着汗说:"你一定要坚持,那就勉力图霸吧。"

> **国多财则远者来,地辟举则民留处。**

管子为何"逼"桓公称王称霸?因为管子认为,一个真正的君主要有历史使命感和社会责任感,要有维护地区稳定的使命和匡正天下的责任。那么如何实现强国梦呢?管子认为必须要在人才上做文章,即"夫争天下者,必先争人"。那么如何争人?管子认为要"政之所兴,在顺民心。"要"民恶忧劳,我佚乐之。民恶贫贱,我富贵之,民恶危坠,我存安之。民恶灭绝,我生育之。"(《管子·牧民》)

因为只有"国多财则远者来,地辟举则民留处,""仓廪实则知礼节,衣食足则知荣辱。"(《管子·牧民》)

可以说,管子提出的这些理念,是人类史上最早的留人理念之一。管子吸引人才、留住人才的理念不是简单的说教,亦不是道德绑架或愿景画饼,而是直指人性需求,既在物质上提供丰盈的保障(仓廪实,衣食足),又在事业上提供平台保障(国多财,地辟举)。

而对于人才的教育与使用,管子更是首开人类之先河。

在教育上，他提出"一年之计，莫如树谷；十年之计，莫如树木；终身之计，莫如树人。一树一获者，谷也；一树十获者，木也；一树百获者，人也。"（《管子·修权》）

这段话可以理解为：（学习）一年，如同收获树木果实；（学习）十年，如同收获树木成才；想终身受益，就要培育栋梁之材。学习每年都会有收获的成果；苦读十年方能成才；所学的知识会终身受益，最终成为有用的人才。

> 一年之计，莫如树谷；十年之计，莫如树木；终身之计，莫如树人。

在用人上，一个组织如何做到让人才愿意来，来了以后还有归属感，愿意跟随着你干呢？管子认为，首先领导者要做到"必知其疾，而忧之以德，勿惧以罪，而勿止以力。慎此四者，足以治民也。"（《管子·小问》）

"必知其疾，忧之以德"，就是领导者必须得知道下属的痛苦。下属的痛苦我们能不能解决？用什么方法解决？把他的痛点解决了，用各种政策、制度、福利去关爱他们，他们还会不忠心吗？"勿惧以罪而勿止以力"，是指不要整天去恐吓下属，不要动不动就给下属治罪，动不动就禁止，动不动就罚款。原则上是能不禁的不禁，尽量不用禁，而用疏。对人们必要的需求，管理部门应有条件地满足他们。

其实"禁"是最无能的管理方法。比如车一多就限行；车一多买车

就摇号；雾霾一严重就更加限号。整天通过"禁"来管理，这其实是最无能的管理者所采取的最简单最粗暴的管理手段，既达不到管理目的，也不可能持久执行下去。

> 任其所长，不任其短，故事无不成而功无不立。

记得北京若干年前每到春节就禁放烟花爆竹，可是禁了多年仍不能全面禁止。因为千百年来中国人已经形成了这样的文化习惯，单纯地依靠禁是很难解决的。后来有关部门在郊外划定好安全区域，规定市民集中在指定区域燃放，这就是疏导。这个政策出台之后，市民就很自觉不在市区燃放了。因为当管理部门划定了燃放区域后，人们如果再知法犯法，就只能接受法律的制裁了。

其次领导者要做到知人善任。管子认为："任其所长，不任其短，故事无不成而功无不立。"（《管子·形势解》）

那么如何做到任其所长，不任其短呢？管子又给出了具体的措施："欲知者知之，欲利者利之，欲勇者勇之，欲贵者贵之。彼欲贵我贵之，人谓我有礼；彼欲勇我勇之，人谓我恭；彼欲利我利之，人谓我仁；彼欲知我知之，人谓我憨。"（《管子·枢言》）

意思是说想要知识的人，就让他获得知识；想要利益的人，就让他得到利益；想要勇气的人，就使他有勇气；想要高贵的人，就使他高贵。他想要高贵我使他高贵，人们会说我很有礼；他想要勇气我使他有勇气，人们会说我恭敬；他想要利益我给他利益，人们会说我仁爱；他想要知识我让他有知识，人们会说我聪敏。

现代人皆以为人力资源制度于20世纪20年代兴起于美国，90年代引入中国。殊不知早在2700年前中国伟大的先哲管子就已经提出了这一概念，并应用于齐国经济社会变革中，且取得良好收效。为今天中国企业在转型期的人力资源变革提供了理论依据与方法支撑。

案例：人才与机器，谁更有价值？

1943年，诺曼底登陆之后，美国总统罗斯福做出了最有远见的战略部署，迅速组建"阿尔索斯"突击部队，抢在苏联之前，不惜代价地争夺德国、意大利等国的世界知名科学家，发动了前所未有地对战败国顶尖科学家进行"明抢"的人才战争。

1944年，美国和苏联同时攻入德国。为了战后发展，他们都在战败国和占领区掠夺自认为最有价值的资源。当美国人跨洋越海地把那些高学历人才和搜集的技术情报资料运回本土时，苏联红军正在执行斯大林的命令集中精力抢劫成千上万的机器设备。

正是这次截然不同的选择，导致了战后世界上的两个超级大国截然不同的命运。美国的人才战争成功之后，全世界自然科学界诺贝尔奖得主40%来自"美国制造"，超过70%的诺贝尔奖得主在为美国工作。

第二次世界大战后美国能迅速成为世界第一科技强国，并不是因为美国人的天赋远超其他的民族，而是因为美国的不问民族、不分国籍的人才战略，成功地吸聚到了全世界最多的顶尖人才。

而一向在全球四处劫掠财物的苏联，则于1991年土崩瓦解。

第四章
转型的障碍

一、老板不思变革企业难长青

二、部分高管抵制企业难变革

三、60、70后拔剑四顾心茫然

四、企业家患得患失坐失转型良机

五、目光短浅坐失转型良机

自春秋以来，中国社会已历经了上百次变革。每变革一次，社会就进步或落后一次。反人性，逆天而为的变革会阻碍社会进步；尊重人性，顺势而为的变革才会推动人类社会进步，如管子之齐国变革、李鸿章之洋务运动、邓小平之改革开放等。

本书旨在探讨代表先进生产力、先进文化方向的社会变革中的障碍与阻力。

一、老板不思变革企业难长青

这类人的典型代表是改革开放中第一批富起来的人。这类人的典型特征有三个：一是教育层次低。二是创业前家庭条件差。三是胆大不计后果。前两个特征使之考不上大学，也没门路进入国有企业工作，甚至连进街道工厂的机会都没有，所以，为了生存只能咬牙跺脚闯商海了。由于层次低，条件差，因而创业的起点也很低，大多从摆地摊、开饭馆、当包工头、开小煤窑和当"倒爷"起家。在由短缺经济向商品经济转型的变革大潮中，这部分人抓住了机会，也很快富了起来。口袋富了不代表脑袋也富了。于是这部分人在久贫乍富之后突然迷失了方向，产生了错觉，认为知识无用，甚至排斥知识。我见过无数这类土豪在酒桌上夸耀："我虽然没上过大学，但给我打工的大学生却很多。"

这类人可以在歌厅酒店一掷千金,但却不愿拿出一分钱来学习。典型的物质极度嚣张,精神极度贫乏。不仅文化缺失,而且精神流浪。

> **物质极度嚣张,精神极度贫乏。不仅文化缺失,而且精神流浪。**

管子在《管子·牧民》一文中指出:"城郭沟渠,不足以固守;兵甲强力,不足以应敌;博地多财,不足以有众。唯有道者,能备患于未形也,故祸不萌。"意思是城墙再坚固和护城河再深也不一定守得住江山;战士兵卒再多也不一定能应付侵略者;土地广大,国家再富有也不一定能赢得民心。只有拥有"道"的领导人,才可以防备尚处于无形之中的祸患,所以祸患才不会萌生。

纵览中国两千多年的历史,任何时期我们与周边邻国相比都是人数占优,兵力更多,武器也不弱。可大多时候我们都被周边面积比我们小,人数比我们少的民族和国家打得落花流水。成吉思汗统一蒙古各部时,蒙古族的人口约80万人,其中还包括了相当部分的突厥人后裔,但最终却灭了拥有人口近8000万的南宋王朝。清朝入关前总人口不超过100万,八旗军满编不超过20万(能战约14万,其余是后勤),却灭了人口超过1个亿,军队多达200万的大明王朝。1894年9月,甲午海战爆发。号称亚洲第一,世界第七,清政府花费数百万两白银打造的北洋水师,在与日本联合舰队的一系列激烈交战后,以清军阵亡31500人惨败,而日军仅阵亡1132人。

那么,又是什么原因使得表面强大的中华帝国屡屡败给帝王眼中的

蕞尔小国呢？其实说到底，无论是金国灭北宋，蒙古灭南宋，还是清朝灭明入主中原，无不是高效的管理机制击败了低效臃肿的管理体制，这是一个冷冰冰的不以人的意志为转移的客观规律。因为，历代中原王朝虽然建立在发达的社会生产力基础之上，但上层政治建筑腐败透顶，昏庸无道。以清朝为例，道光年间清朝的GDP大概占世界的三分之一（英国则只占百分之五左右），但腐败的管理机制却无法也无力将先进的社会生产力转化为强大的国防力，当然也就无法抵挡组织严密训练有素的西方现代军队了。战争不仅是体系对抗，更是双方政治、经济、军事等方面管理水平的综合对抗。所以管子才说"唯有道者，能备患于未形也。"

道，有两层含义：一是中华民族认识自然为己所用的一个名词，意思是万事万物的运行轨道或轨迹，也可以说是事物变化运动的场所。因一切事物非事物，不约而同，统一遵循某种东西，无有例外。二是道德道义。昏庸无道，意指糊涂平庸，凶狠残暴，不讲道义。一个帝王不讲道义，进而满朝文武不讲道义，随之就是整个社会不讲道义。企业同理。当代许多人认为"道"的概念是老子第一个提出来的，并以《道德经》第二十五章"道生一，一生二，二生三，三生万物"作为依据。这是对历史产生的误解。其实"道"的概念早在两千七百年前管子就提出来了，而在管子身后一百多年，老子才用管子的思想创建了道家文化。所以管子认为：唯有道者能备患于未形也，其意是指只要不断根据外界的变化

> "道"的概念早在两千七百年前管子就提出来了，而在管子身后一百多年，老子才用管子的思想创建了道家文化。

而变化，才可以防备尚处于无形之中的祸患。

不断地去变革，不断地根据时势变化去转型，而且是常年怀有这种忧患意识的企业家才能基业长青。在中国大陆，我以为真正做到有道者能够备患于未形的，当属华为的任正非。任正非带领华为不仅在中国商场纵横捭阖几十年，而且在国际市场也能够立于不败之地。即使在近年来经济形势严峻，但华为仍然能够一枝独秀。

任正非始终强调企业要存有危机意识，即"惶者才能生存"。在企业处在飞速发展的顺境时，任正非曾用《华为的红旗到底能打多久》《活下去是企业的硬道理》两篇文章来警示员工。2001年，在国际高科技产业哀鸿遍野时，华为却凭借不俗的成绩位居全国电子百强首位。任正非又发表了《华为的冬天》，他表示"十年来我天天思考的都是失败，对成功视而不见，也没有什么荣誉感、自豪感，有的只是危机感，也许是这样才存活了十年。我们大家要一起来想，怎样才能活下去，也许才能存活得久一些。"并认为"华为存在的问题不知要多少日日夜夜才数得清楚……华为的冬天正在到来，各种机制、管理等正面临危机，已经到了不得不调整、不得不改革的地步"。

二、部分高管抵制企业难变革

为什么企业在转型升级的过程当中，身为企业重要领导人的高管们，会有一部分甚至是大部分，去反对、去阻碍呢？这是因为任何一次社会变革，任何一次企业转型，都是利益的再分配以及权力的再分配。而很多企业的高管们已经是一个既得利益者，他们长期在一个组织里面养尊处优，已经失去了进一步变革的能力。这时企业一旦变革势必触及他的利益，所以他就一定会出来反对，而且是以"无可辩驳的"或冠冕堂皇的理由站出来反对。

19世纪60年代，经过两次鸦片战争的失败以及太平天国的打击，以恭亲王奕䜣和文祥，以及李鸿章、张之洞、曾国藩、左宗棠等为代表的清朝先进官吏开始认识到西方坚船利炮的威力。为了解除内忧外患，实现富国强兵，开启了中国近代史上伟大的社会变革运动——洋务运动。

洋务运动主张学习西方的声、光、电、化、轮船、火车、机器、枪炮、报刊、学校等，打出"自强"和"求富"的旗帜。认为要富强，使中国"有备无患"，必须学习西方资产阶级的自然科学甚至社会政治学，因此提倡兴"西学"、提倡"洋务"，以达到"自强"目的。

但是，这场变革却遭到了以同治帝的老师，工部尚书、大学士倭仁和宋晋等为代表的顽固派的反对和抵制。顽固派们高唱"立国之道，尚礼义不尚权谋，根本之图，在人心不在技艺"，主张"以忠信为甲胄，礼义为干橹"，抵御外侮。理由可谓"高、大、上"。

中国的顽固派们最大的特点是，干好事没能力，搞破坏本事却不小。在他们的反对和抵制下，洋务运动这场伟大的变革一波三折，历尽坎坷艰辛。以修建铁路为例：自从1825年英国建成了世界上最早的一条铁路之后，由于它在经济上、政治上以及军事上所起的作用，越来越为人们所认识。于是欧美各国接踵而起纷纷效法，在短短十余年间铁路建设即有长足进展。洋务运动的先进代表们在观察到西方资本主义世界这一惊人的新生事物之后，也深深为之吸引。

1862年，怡和、旗昌等27家英美洋行向李鸿章建议兴建苏州至上海的铁路。在顽固派们的强烈抵制下被拒。1863年，英国工程师斯蒂文森向清政府建议兴修汉口至上海、汉口至广东、汉口至四川、上海至福州、镇江至北京、广东至云南等六条干线铁路，亦被拒。1865年，英国人杜兰德在北京宣武门外修了一条不到1公里的小铁路，这是中国境内的第一条铁路。当火车机车开动的时候，围观的人们几乎被吓得魂飞魄散，舆论也一片哗然，说是"举国若狂，几至大变"，"京师人诧所未闻，骇为妖物"，几天后就被步军统领衙门执行强行拆除。1876年6月，怡和洋行建造了一条从上海至吴淞的客运铁路，开通之日市民误以为坐电车会触电，一时没人敢坐。为此，英国人雇用了一批失业者当专业坐车人，还向乘客赠送花露水、牙粉、香皂等礼物,生意才逐渐好转。不料未过多久，因行人不遵守交通信号灯，火车在江湾一带轧死行人，导致民情汹汹。清政府遂以28.5万两白银赎回淞沪铁路，拆毁并掷入大海……

1881年，洋务派领袖李鸿章建成了用于煤炭运输的唐（山）胥（各庄）铁路，遭到满朝文武以火车会"烟伤禾稼，震动寝陵"，会"惊耳骇目，鬼神呵谴"为由，予以阻挠。大学士徐桐更是痛心疾首，邀集了一批老顽固联名上书，祭出铁路"为祖宗所未创，应当立予停止，以维国本而顺舆情"大旗，最终迫使慈禧批示而上演了令全世界惊诧的马拉火车闹剧。

仅仅是一个技术的引进，就由于顽固派的反对和抵制，竟拖延了二十余年，这才是真正的祸国、误国、殃民。

政界如此，企业界也不例外。

在中国乃至世界的金融史上，山西的票号无疑是一个奇迹。著名文化学者余秋雨先生在他的《抱愧山西》一文中这样描述："在上一世纪（19世纪）乃至以前相当长的一个时期内，中国最富有的省份不是我们现在可以想象的那些地区，而竟然是山西！直到本世纪（20世纪）初，山西，仍是中国堂而皇之的金融贸易中心。北京、上海、广州、武汉等城市里那些比较像样的金融机构，最高总部大抵都在山西平遥县和太谷县几条寻常的街道间，这些大城市只不过是腰缠万贯的山西商人小试身手的码头而已。"

的确，晋商创立票号这一创举，具有划时代的意义。它开创了异地汇兑的先河，使我国的货币清算制度发生了根本的变化，即从运送现银为主的结算方式逐渐过渡到以汇兑为主的结算方式。各大票号通过分布在世界各大商埠码头的分号，一纸银票汇通天下，既迅速便捷，又安全可靠，从而使世界货币流通形式发生了质的转变，促进了商品经济的发展。

但是，就是这样一个创造全世界金融奇迹的商帮，为什么在辉煌了一个世纪后，便销声匿迹，黯然退出了历史舞台呢？

答案是：晋商票号多次痛失改组银行机遇，在与中外银行的竞争中落败。那又是什么原因导致晋商票号多次痛失改组银行的机遇呢？许多学者认为是晋商票号总部偏居一隅，信息占有量少，反应迟缓所致。而我始终认为票号总经理多墨守成规，阻碍变革致多次坐失改组银行的机缘，才是主要原因。

例如，光绪二十九年（1903），北洋大臣袁世凯曾邀请山西票号加入天津官银号，光绪三十年（1904），鹿钟霖为户部尚书，奉谕组建大清户部银行。鹿也邀请山西票号加入股份，并请出人组织银行。但山西票号均不奉命应召；光绪三十四年（1908），票号受到新兴银行业排挤。眼界开阔、善于思索的山西蔚字五联号北京分号经理李宏龄，经过了解分析，认为票号只有改组银行才有出路。遂与祁县票商渠本翘联合平、祁、太三帮分号经理，向平遥总号发信，阐明利害，力谏改组银行。但时任蔚字五联号总经理的毛鸿翙不仅不以为然，甚至愤然道："银行之议，系李某自谋发财耳！如各埠再来函劝，毋庸审议，迳束高阁可也。"于是由李宏龄、渠本翘等发起的票号改组银行遂告失败。

很快，晋商票号在李宏龄、渠本翘等有先见之明的改革之士的仰天

长叹中潸然退出了历史舞台。

三、60、70 后拔剑四顾心茫然

唐代诗仙李白在其诗作《行路难》中写道：

金樽清酒斗十千，玉盘珍羞直万钱。

停杯投箸不能食，拔剑四顾心茫然。

"嗜酒见天真"的李白，要是在平时，因为这美酒佳肴，再加上朋友的一片盛情，肯定是会"一饮三百杯"的。然而，端起酒杯，却又把酒杯推开了。拿起筷子，却又把筷子撂下了。他离开座席，拔下宝剑，举目四顾，心绪茫然。停、投、拔、顾四个连续的动作，形象地显示了李白因在帝都怀才不遇而内心苦闷抑郁的感情激荡变化。

如果用李白诗中的苦闷抑郁，比喻今天处在转型期的60、70后企业家心境，可谓相当贴切。

中国第一代、第二代创业者，是从短缺经济开始起步的。由于生长在特殊年代，知识匮乏是普遍性的，对互联网就更知之甚少了。但社会进步和科技的日新月异，却不会因为你生在特殊年代就对你网开一面。你不懂或不认识，再不学习，最终就只能被淘汰。

在我教授的清华总裁研修班就有一位来自内蒙古鄂尔多斯做房地产的学员。有一次我有事要给他发一封E-mail，便打电话向他要邮箱，结果他"买一送一"连邮箱外加密码全部发给我了，吓得我愣是没敢发邮件，生怕人家邮箱有商业机密日后说不清楚。

> 做企业如同骑鳄鱼，要么一直骑着它，要么下来，然后被他吃掉。

有学者形容做企业如同骑鳄鱼，要么一直骑着它，要么下来，然后被他吃掉。今天，处在转型期的60、70后企业家，就像李白诗中描写的那样，离开座席，拔下宝剑，举目四顾，心绪茫然。"停"，是因为鳄鱼改变了原有的运行轨迹，骑不住了；"投"，想撂挑子不干，可又怕鳄鱼吃掉；"拔"，面对互联网大潮来袭，也想像当年创业那样杀条血路；"顾"，无奈，因不懂互联网的特性与本质而找不到突破口，只能四下张望心绪茫然，苦闷抑郁。

中国的企业家是个有着特殊痛苦的群体，在漫长的历史长河中，除了春秋管子相齐时的齐国之外，两千多年来一直在社会底层受尽儒家文化的蔑视与冷落。虽然在改革开放三十年里再次跃起成为超级明星与英雄，但他们在这个社会的传统与历史中仍很难找到自己的精神指引与坐标。

四、企业家患得患失坐失转型良机

凡患得患失者，必是当下日子还过得去的。以柯达为例：

曾几何时，提起"Kodak Moment"（柯达时刻），人们想到的是值得留存与回味的记忆。如今，这一词却成了企业高管的警钟：在颠覆性技术侵入市场的时候，必须要及时回应，切莫患得患失。

2012年，柯达申请破产保护，退出了传统业务，同时也出售了专利。2013年，当柯达重新归来时，规模与过去已不可同日而语。

这个曾经世界上最强大的公司，如今的市值只有不到十亿美元。

为什么会这样呢？一个简单的解释是，公司缺乏远见：柯达被自己的成功所蒙蔽，使得它完全错过了数字技术的兴起。事实上，这个说法跟实际情况完全不符。1975年，数码相机的第一架原型机由史蒂夫·萨松发明，而这位工程师的雇主正是柯达。那架相机跟烤面包机差不多大，拍张照要花20秒，画质还很差，若要在电视机上看照片，需要进行复杂的连接。但是，它明显具有极大的颠覆性潜力。

不过，有所发现与采取行动，完全是两回事。于是，另一种解释就出现了：柯达发明了相关技术，却没有对它进行投资。萨松自己就曾告诉《纽约时报》，管理层对他的数码相机的反应是："这很可爱，但千万别告诉任何人。"事实上，柯达为了开发一系列数码相机，曾经投资数十亿美元。

采取行动和采取正确行动，又是不同的事。于是，出现了另一种解释：柯达对数码相机的投资管理不当——他们没有抓住数字技术的简单特性以扩大市场，反而一味试图让数码相机拥有与传统胶片相机一样的功能。这些批评用在柯达最早版本的数码相机上（例如，价值两万美元的DCS-100）也许成立，但是后来柯达完全拥抱了数字技术的简单性。他们开发了一些新技术，让人们能够轻易地将照片从相机转移到电脑，从而强有力地奠定了其市场地位。

于是，解释又出现了：以上所有事实都毫无意义，因为真正的颠覆，发生在相机、手机合二为一的时候——人们不再冲洗照片，而是直接将照片上传到社交媒体平台以及手机应用程序上，柯达完全错过了这个机会。然而，事实也不尽如此。

早在马克·扎克伯格还没开始编写Facebook（脸书）的代码之前，柯达就有了先见之明：它在2001年收购了一个名叫Ofoto（行为）的照片共享网站。

想象一下，假如柯达真的具有其历史口号"share memories, share life"（分享回忆，分享生活）精神，那么它就会将Ofoto重新命名为Kodak Moments而不是EasyShare Gallery，将其打造成一个全新的社交分

87

享平台,在那里人们可以分享照片和新闻,以及更新个人信息等。也许到了2010年,柯达还会吸引一个来自谷歌、名叫凯文·斯特罗姆的年轻工程师,让他为这个网站开发出移动版本。

遗憾的是,现实中柯达却利用Ofoto来吸引更多人冲洗数码照片。2012年4月,柯达以不到2500万美元的价格将Ofoto出售给Shutterfly(美国一家图片服务商),作为其破产保护计划的一部分。同年同月,Facebook(脸书)砸下10亿美元收购Instagram(照片墙),而这就是斯特罗姆18个月前创立的公司,当时这家公司只有13个人。

其实,柯达完全具备应对数字技术的实力。以富士胶片为例,如丽塔·麦格拉思在她那本扣人心弦的著作《竞争优势的结束》中所述,20世纪80年代,富士在胶片业务领域名列第二,不过表现却与位居第一的柯达相去甚远。然而后来,柯达却停滞不前,直至没落,富士反而创造了许多新机会。它开发出与胶片业务并行的产品,如磁带光学技术、录像带以及复印机和办公自动化项目等,尤其还与施乐成立了合资企业。如今,富士的年收入超过200亿美元,在医疗及电子业务市场都有一席之地,文档解决方案业务更是为其赚取了巨大收益。

其实,我们从柯达身上学到的教训是很微妙的。公司领导者通常会觉察到影响其所在行业的颠覆性力量,大多时候也会调动充足的资源来进军新市场。那么,为什么还会失败呢?这是因为他们没有真正接受这一颠覆性变化所开辟的新商业模式。柯达发明了数码相机,也对相关技术进行了投资,还意识到在互联网上分享照片将成为趋势……他们最大的错误,就是没有真正意识到在线照片分享是一项新业务,而不是扩大印刷业务的一种方式。

如果你的公司正在进行数字转型，那么你一定要回答以下三个问题：

我们正从事什么业务？不要从技术、产品、类别的角度回答这个问题，而是要思考你们在为客户解决什么问题，或者所谓"你们正在替客户执行的工作"。如果让柯达回答这个问题，可以回答说"胶片业务""图像业务"，也可以说"时刻共享业务"，而不同的选择会导致不一样的结果。

这项颠覆性技术带来了哪些新机会？人们总是将颠覆视为一种威胁，其实它才是帮助企业实现成长的最佳机遇。颠覆总是会扩大市场，同时推动商业模式发生转变。哈佛商学院教授克拉克·吉尔伯特的一项研究表明，那些将颠覆视为威胁的领导者，通常会以墨守成规的方式应对改变；而将颠覆视为机遇的领导者，则会以扩张方式应对改变。

我们需要达到什么样的能力才能把握住机遇？面对颠覆性技术带来的新机会，其实在位企业往往处于有利位置。毕竟，他们拥有许多市场新进入者不具备的优势，比如在市场准入、技术、财务等方面。当然，这些能力对在位企业来说也存在限制，毕竟这些比较优势还不足以让其以新的方式在新的市场中竞争。所以，在位企业一定要以谦虚的心态面对新增长机会。

柯达的故事，是一个潜力丧失的悲剧。这家美国标志性公司拥有人才、金钱甚至先见之明，本可以进行漂亮转型，然而却最终沦为颠覆性变化中的牺牲者。要知道，只有从柯达身上汲取正确的教训，你的公司才能够免于同样的命运。（资料来源：搜狐）

五、目光短浅坐失转型良机

企业患得患失最终破产，发达地区坐失转型良机同样沦落。

在河北省会石家庄还是一个村庄的时候，它的管辖地获鹿（今石家庄市鹿泉区）却已是名震华北的重要商埠。清末时曾有"一京、二卫、三通洲，赶不上获鹿旱码头"的说法来形容获鹿的富庶。遗憾的是，当年的河北四大重镇之首的获鹿却在洋务运动中患得患失，拒绝变革而从此一落千丈。

1896年，洋务派人士胡聘之任山西巡抚，当年6月，为推动山西经济发展，胡聘之上疏朝廷，请求修建太原到正定的铁路支线，希望能与京汉铁路连接。7月，获光绪皇帝批准。

然而，当时的清朝政府心有余而力不足。直到1897年5月，胡聘之又向朝廷提出向华俄道胜银行借款修路的请求，得到批准后才正式立项。钱的问题解决后，正太铁路并没有马上开工，而是又遇到了新的麻烦：新上任的山西巡抚毓贤（顽固派代表，清朝末年著名的酷吏和极端排外人士，山东教案的制造者，引义和团入晋制造山西教案，致八国联军进京的罪魁祸首。）提出了"山西不宜修铁路"的观点，向清廷总理衙门请求暂行停办，不宜的理由是"破坏风水"。

1901年，毓贤被正法。1904年，正太铁路终于动工。但是，当大清要把京汉、正太铁路枢纽站建到获鹿旱码头时，却让保守自满的获鹿老祖宗们觉得惊慌不安。"铁路修过来不坏了咱旱码头的风水？修铁路那要占咱获鹿多少耕地啊？民以食为天，没有了土地怎么吃饭？铁路修过来，哪的人都能来，乱哄哄的，咱获鹿城可就麻烦了！闹不好外国的老毛子也坐火车来了，咱获鹿这块风水宝地可就惨了！"乡绅们在私下里集会商讨。乡绅代表葛朝纲、王子润找到当时在获鹿任县令的谢鉴礼。谢是个爱民的好官，"当官不与民做主，不如回家卖白薯"，他一拍惊堂木："对！百姓们说的有道理，决不能让铁路从咱获鹿境内穿过。"于是，乡绅代表、农民企业家代表和县政府领导联手，委派葛朝纲、王子润买通了德国专家，不久，修铁路的图纸改了，由获鹿旱码头向东移了50里地，这下获鹿人的风水宝地总算保住了！

但令获鹿的乡绅和县令谢鉴礼万万没有想到的是，他们千方百计东移了50里的那两根火车的铁轨，却在不知不觉中把繁荣的旱码头给装上火车给拉走了，并且从大江南北拉来了一个新兴的城市——石家庄。

宋代文学家，豪放派词人的主要代表，"唐宋八大家"之一的苏轼有诗曰："竹外桃花三两枝，春江水暖鸭先知。"意思是竹林外两三枝桃花初放，鸭子却已最先察觉了初春江水的回暖。诗中除了表现春天物候特点之外，还蕴含着深刻的哲理——只有亲身体会，才能感知事物的度化。所以，企业家必须

> 竹外桃花三两枝，
> 春江水暖鸭先知。

要成为敏捷感知气候变化的鸭子,时刻置身于市场才能捕捉外界的变化,从而不断使企业把握住时代的脉搏。

当代著名笑星赵本山在其著名小品《红高粱模特队》里有一句经典名言:"猫走不走直线,取决于耗子。如果耗子拐弯进洞了,猫还走直线,那就是只瞎猫。"其实对于企业来讲,市场就是耗子,企业家就是猫。市场不相信眼泪,瞎猫式的企业家最终结局就只能是被饿死。

第五章
客户策略转型

一、深入挖掘客户的痛点
二、谁是你的客户？
三、什么是客户认可的价值？
四、"好"要大声说出来
五、你的产品让客户尖叫了吗？
六、客户是你的粉丝吗？
七、你与客户互粉了吗？

  作为中国历史上伟大的思想家、政治家、管理学家、经济学家的管子，最早在先秦时期就提出了"以民为本"的思想。管子的民本思想，概括起来，就是"在政治上以仁政爱民为本，在经济上以利民养民为本，在军事上以民心民力为本。"

  管子从民本思想出发，认为民众是治国安邦之本，把民众的支持和人心向背作为治国安邦成败的决定性因素，提出了"夫争天下者，必先争人。"（《管子·霸言》）"政之所兴，在顺民心；政之所废，在逆民心。民恶忧劳，我佚乐之；民恶贫贱，我富贵之；民恶危坠，我存安之；民恶灭绝，我生育之。能佚乐之，则民为之忧劳；能富贵之，则民为之贫贱；能存安之，则民为之危坠；能生育之，则民为之灭绝。故刑罚不足以畏其意，杀戮不足以服其心。故刑罚繁而意不恐，则令不行矣；杀戮众而心不服，则上位危矣。故从其四欲，则远者自亲；行其四恶，则近者叛之。故知予之为取者，政之宝也。"（《管子·牧民》）

  管子告诉我们，一个国家的政策能不能顺利推行，在于是不是顺应民心。人民厌恶繁重的劳役，我的政策就让他们快乐；人民厌恶贫贱，我的政策就让他们富贵；人民厌恶危险，我的政策就让他们平安；人民厌恶后继无人，我的政策就让他们繁衍生息。政策让人民快乐，人民就不辞劳苦地去执行它；政策让人民富贵，人民就可以忍受贫贱地去执行它；政策让人民平安，人民就不怕危险地去执行它；政策让人民繁衍生息，人民就不畏灭绝地去执行它。

  得人心，得天下；失人心，失天下。那么对于企业来讲，天下是什么呢？其实就是市场。而人心就是员工、顾客和合作伙伴的心。所以，企业想要争得市场，首先就得争人，即外争客户，内争员工。两者都具有了，自然就可以会盟天下了。

传统经济时代，企业争的是模糊的客户。因为企业不知道客户是谁，所以企业只能争经销商、代理商，然后再通过大量的活动及广告投放，帮助经销商、代理商争客户。但互联网时代不同，互联网的平台化、网络化，使企业与客户之间的关系变成了零距离，企业可以不需要再通过经销商、代理商去争得客户，因而降低了企业的交易成本，进而改变了商业模式，直接争得精准客户，就成了企业最重要的战略转型内容之一。

从争经销商、代理商变为直接争得终端客户，是企业从传统经济向互联网经济转型的重要内容。那么如何实现这一思维方式到运营模式的转变呢？管子曰："民，利之则来，害之则去。"管子这句话单刀直入地告诉了我们什么叫人性，即趋利避害。两利相权取其重，两害相权取其轻，全世界的人概莫能外，这就是人性。企业想要争得客户，就必须要研究人的本性，你能够给客户带来收获，你能够满足客户的某种需求，客户才会围着你转，才会购买你的产品，才会成为你忠实的粉丝。否则，过去用脚投票，现在更简单，只要手指在手机屏幕上一划，你就消失了。

那么，企业在从传统经济向互联网经济转型过程中，又应该怎样去深入研究人性，充分利用人性并更好更多地去争取客户呢？

一、深入挖掘客户的痛点

案例一：

早在 1996 年，有四川农民投诉海尔洗衣机排水管老是被堵。服务人员上门维修时发现，这位农民居然用洗衣机洗地瓜，果皮多，泥土大，当然容易堵塞！服务人员虽然心有抱怨，却并没有因不是企业的责任而推卸责任，依然帮顾客加粗了排水管。

不久，海尔集团 CEO 张瑞敏听说了此事后，第一反应与常人一样，很是吃惊；第二反应却不像常人那样喷饭喷酒，笑老农"刘姥姥"相，而是果断拍板：开发一种出水管子粗大的洗衣机，既可洗衣服，又可洗土豆和地瓜！因为作为著名企业家的张瑞敏此时敏锐地意识到，洗地瓜是农民的痛点，而痛点即是农村市场的潜在需求。

1997 年，海尔为既可洗衣服，又可洗土豆和地瓜的特种洗衣机立项。1998 年 4 月投入批量生产，洗衣机型号为 XPB40—DS。不仅具有一般双桶洗衣机的全部功能，还可以洗地瓜、水果甚至蛤蜊，价格仅为 848 元。首次生产了 1 万台投放农村，立刻被一抢而空。

此后，海尔又发现青海和西藏地区的人们喜欢喝酥油茶，但打酥油很麻烦，往往要花很长时间，海尔科研人员在去青藏高原考察的时候，热心的藏族同胞总用他们花费很多工夫制成的酥油茶招待他们。科研人员很感动，他们灵机一动，为什么不开发一种洗衣机来帮助藏民们打酥油呢？于是不久，打酥油洗衣机又在海尔问世了。这种洗衣机三个小时打制的酥油，相当于一名藏族妇女三天的工作量。藏族同胞购买这种洗衣机后，从此可以告别手工打酥油的繁重家务劳动。

"听说你们的洗衣机能为牧民打酥油，还给合肥的饭店洗过龙虾，真是神了！能洗荞麦皮吗？"2003年的一天，一个来自北方某枕头厂的电话打进了海尔总部。海尔洗衣机公司在接到用户需求后，立即着手研发，仅用了24小时，就在已有的洗衣机模块技术上，创新地推出了一款可洗荞麦皮枕头的洗衣机。（来源：观察者网）

在互联网尚未汹涌澎湃席卷全球之际，海尔集团却早已开始了悄然转型——针对消费者痛点，以"客户个性化"的方式满足消费者需求，自然也就赢得了客户。"春江水暖鸭先知。张瑞敏不愧是中国企业界最智慧最能感知春江水温变化的'鸭子'"。

案例二：

于广州人来说，公交候车亭并不陌生，站牌式的广告也不罕见。但是2008年8月，人们发现在广州市区内的繁华路段，首次出现了互动式的公交站牌。该站牌由冰纯嘉士伯啤酒推出，主要用以测试"羊城开心指数"。

用以测试"开心指数"的候车亭设计新颖，玩法简单，吸引了大批等车

路人的注意。有个别候车亭仅在第一天便获得了三千多次"投票"。大部分市民表示,这样的形式很新鲜好玩,随手一按便可"投票",还能消磨等车的时间。

究竟什么是"羊城开心指数",为什么要推出这样的候车亭,笔者走访了相关负责人。据悉,这是冰纯嘉士伯"开心运动"的续章。冰纯嘉士伯在2007年发布了"开心资产测试"之后,成功地让都市人意识到精神健康的重要性;2008年,冰纯嘉士伯又以广州为首站,展开"开心指数测试",进一步提醒广大市民要注意心情变化和精神健康,随后还计划在内地多个城市推出类似的测试,并将各地的"开心指数"做横向对比,将"开心运动"的精神贯彻到底。

冰纯嘉士伯啤酒是嘉士伯旗下的最新产品,它一直致力于改善年轻一族的生存状态及精神健康,而这种关注正源自丹麦的"快乐"哲学——丹麦是全世界幸福指数较高的国家之一。冰纯嘉士伯正是以"不准不开心"为口号,引导年轻人主动掌控自己的快乐,以乐观、积极的态度去发挥自己的能力与创造力。冰纯嘉士伯的相关负责人解释道:"除了收集'开心指数'外,我们也希望能以这样的小创意换得都市生活的片刻轻松,缓和紧张烦躁的等车氛围。这也是候车亭的第一次互动尝试,人们可以坦然地表达自己的情绪。但不管是不是开心,只要关注自己是否开心,都能在选择的一瞬间,在计数器的跳动中得到安慰与共鸣。"

2012年,台湾摇滚乐团五月天为国际啤酒品牌冰纯嘉士伯拍摄了最新电视广告《管它2012》。冰纯嘉士伯此次的广告呈现出一种脱俗的大气,奏出一如既往的开心旋律,主旨是让人们不管2012是末日还是什么,重要的是把"不准不开心"进行到底。

据悉，冰纯嘉士伯为了筹备这则广告，从 2007 年年尾就从微博及网络上悄悄收集了上千个真实的"2012 愿望"，务求令广告引起更多年轻人的共鸣，即无论未来会怎样，最重要的是要每一天都快乐生活，和嘉士伯一样"不准不开心"。（来源：新快报／扬子晚报）

可以说，来自丹麦的嘉士伯啤酒，是国外品牌进入到中国啤酒市场比较晚的。虽然进入较晚，成长得却比较快。而原因就在嘉士伯认真地研究了中国市场不同阶层、不同人群的痛点。嘉士伯进入中国市场之后，就把它定位成年轻的白领阶层消费的一款产品。那么中国的白领阶层的痛点是什么？嘉士伯通过调研发现，中国的白领阶层实际上是一个表面上看起来光鲜，但实际上内心是比较痛苦的特殊群体。

这个群体的痛苦主要来自两方面：一是工作竞争导致压力非常大，时常加班加点比较劳累；二是由于户籍制度导致这个群体的大多数人都属于各大都市的漂泊者，即使省吃俭用买了房也没有归属感，更何况大多数人还买不起房。于是，嘉士伯就针对这个群体的痛点展开了一系列的"不准不开心"的心灵攻势，很快在中国白领阶层产生共鸣，产品自然就被认同接纳了。所以嘉士伯啤酒很快就成为了都市白领阶层首选的啤酒饮料之一。

二、谁是你的客户？

任何一款产品都不可能把所有的消费者都当作你的客户。一种产品只能针对某一类特定人群。可能有人会说，嘉士伯啤酒难道老人不能喝吗？妇女不能喝吗？中年人不能喝吗？工人不能喝吗？当然都能喝。但是嘉士伯的产品定位就是都市白领阶层，所以它的一系列的营销策略都是针对白领阶层展开的。至于其他消费者想购买，那是搂草打兔子，当然越多越好。所以任何一个企业，当推出一款产品的时候，就必须要解决一个问题，就是找准你的客户，千万不要以为谁都是你的客户。

书画界流传着这样一个故事（真假不论，主要是分析哲理）：

有一天，齐白石老爷子正在家里构思一幅作品。他的太太进来跟他讲：这几天家里的保姆有事情请假回家了，现在由她做饭，所以请老爷子到市场上去买点菜去。于是老爷子放下画笔，拄着手杖来到市场，来到市场他才突然发现没有带钱。回去取钱不仅浪费时间，而且又很麻烦。于是他就来到一个菜摊前，跟卖白菜的小贩儿借了支笔和纸，随手素描了一幅白菜，然后对小贩儿讲，"我出门买菜忘了带钱，我现在拿我画的白菜来换你的白菜，你看可以不？"小贩儿一听就急了，"我这些白菜少说也值几十块钱，你拿一张破纸画的菜跟我换白菜，这怎么可能呢？"对不起，人家不换。

其实齐白石的这张画，不用说换棵白菜，就是把全菜市场的菜都换了，也不是没可能。但是对不起，人家小贩儿就不换。因为他不认识齐白石是谁，也就不知道齐白石这张画到底价值几何？在他眼中齐白石这张破画儿远远不如他这堆白菜值钱，他怎么可能跟齐白石换呢？显然不可以。

这个故事告诉我们，企业千万不要以为你的产品好，就能够在市场上风靡，就能够被消费者认同。你必须找准你的客户？找准你的客户是谁？客户认同你的产品，或者说你的产品能够满足他的需求他才会购买。

美国有一个著名的玩具品牌叫作芭比娃娃，在欧美几乎每一个女孩子在儿童时代都拥有一个芭比娃娃。但是就是这样一个闻名世界的品牌，进入到中国市场之后，它的表现却一直很低迷，一直没有受到消费者的青睐。由于市场表现不好，2011 年，这个全球最大的玩具制造商美泰公司宣布关闭其芭比娃娃在上海的旗舰店。这家以亮粉色为主调、价值 3000 万美元的 6 层商店在仅仅营业了两年后便永久性关张，退出了中国市场。

一个著名的世界级品牌，为什么从美国来到中国反而被中国的母亲和孩子所冷落了呢？这是因为美泰公司没有认真研究中国文化。中国文化和西方文化是两种差异较大的文化。比如说对待孩子这个问题，在中国凡是生养了女孩子的家庭，父母，尤其母亲当女儿进入少年时期便开始紧张。女儿放学回来晚了她要紧张；如果周六日有男孩子打电话或者有男孩子来家里找女儿玩，她会紧张。有的母甚至像警察看守犯人一样去看着孩子，放学回来晚了，男孩子来电话了等，通通都要审查。

但是在西方则恰恰相反。西方的母亲是女儿长到了十四五岁的时候，如果到了周末没有男孩子打电话，没有男孩子来找她玩儿，母亲就会很紧张。她就会跟女儿谈话，"难道你在学校表现不好吗？难道你不可爱吗？否则怎么会没有男孩子喜欢你呢？"

众所周知，芭比娃娃一直走的是性感路线，这在那些恨不得想给宝贝女儿穿上封闭式衣服的中国母亲眼里是很难接受的，所以两种不同的文化，就决定了中外母亲对芭比娃娃的态度。即使是再知名的世界品牌，只要不解决文化差异问题，就无法争得客户。

但同样是西方的玩具品牌，来自安徒生故乡丹麦的乐高，进入中国之后市场表现就非常强劲。原因就在于它研究了中国家长的痛点。

众所周知，中国是应试教育，孩子平常在学校要上课，回到家要写作业。在家里，父母对孩子的要求非常单一，只要把学习搞好，其余什么都不用管。在学校，老师对学生的评价以成绩定优劣。只要你考试成绩好，你就是犯点错误老师都袒护你。所以在这样的教育模式背景下，中国的孩子最大的痛点就是动手能力和思考能力比较弱。

针对中国市场的独特性，乐高在设计游戏时摒弃了寓教于乐的内容，他们认为如果一味地强调对小孩的教育性，那就会把乐高变成除学校、家庭以外的第三课堂，那肯定是不被中国孩子所真正接受的，这会让孩子感受到游戏的压力。果然，这种通过纯粹的拼插游戏，潜移默化地让孩子通过解决问题，来提升自己应对能力的市场理念，振臂一呼就吸引来大量粉丝的拥护。粉丝中不仅有孩子，还有孩子的父母。

三、什么是客户认可的价值？

先讲一个故事：有一天，小白兔坐在河边钓鱼，连续钓了一天没钓上来。第二天又去了，又没钓上来。第三天它刚把鱼钩甩到河里，一条鱼从水里跳了出来，指着小白兔破口大骂："小白兔你如果再用胡萝卜钓我，老子就扁你。"

胡萝卜再好，维生素再丰富，那只是小白兔喜欢的，鱼是断然不会喜欢。这就是说，一款产品再好，如果不能满足消费者需求，其价值便无法被消费者认可，当然也就失去了市场。

我们有很多企业家，尤其是科技型企业家，把产品当成了孩子，倾注了毕生的心血在研究，然后就认为这个产品好得不得了，但唯独没有想到你认为是好的东西，客户是不是也喜欢。如果客户不喜欢，那么结果只有一个——产品为零，客户为零。

四、"好"要大声说出来

为什么产品好,就一定要大声说出来?因为消费者不是专家,由于产品知识的不对称,他往往会被误导或被错误的认知形成错误的产品评判标准。

在我教授的清华总裁班里,有一位来自江苏江阴的企业家学员,曾给我讲过这样一个故事:他出生在20世纪60年代,儿时家里较为贫困,平时根本没有水果吃。只有家里来客人的时候母亲才会去买些香蕉等水果回来。但客人离开后母亲仍舍不得给孩子们吃,常常是将水果存放起来等再来客人时拿出来。只有当香蕉变黑无法存放时才会拿给孩子们吃掉。所以慢慢地让他就产生了一个错误认知——香蕉是黑的。

改开以后,他创业办厂成了老板,每当有客户要来厂里,他总是让秘书提前去买香蕉,存放黑了以后才拿出来招待客人。直到秘书小心翼翼地提醒了几次,他才醒悟过来。

其实在今天,类似这种"香蕉是黑的"的错误认知仍比比皆是。以普洱茶为例:普洱茶一夜之间火爆并风靡中国市场,应以马帮进京新闻事件为起点。2005年10月10日,云南马帮踏着夕阳沿108国道,从河北省涞水县进入北京界房山区。云南马帮由40多个赶马人，120匹马组成。他们驮运着约4吨普洱茶，远涉4000余公里，最终到达北京西山八大处公园。这是以向京城驮运"普洱贡茶"而闻名的"云南马帮"在160多年后重访京城。事件经各大媒体轮番报道后，普洱茶价格不断飙升，并把它变成了一种收藏品，甚至奢侈品。然而好景不长，两三年后普洱茶由云端跌落人间。但是，以追求利益为主的商家们却不甘失落，在背后策划团队的推动下，于2008和2009年在央视又祭出了古树茶老树茶的大旗，再度把普洱茶又掀起了一个新高。在这些媒体不断的宣导下，90%以上的消费者都走进了"喝普洱茶，就一定要喝古树茶、老树茶"的误区。

那么，是不是自然野生的老树茶就一定比人工种植的好呢？

2012年农业部会同云南农业大学和云南茶叶所，联合对古树茶和台地茶两种茶叶外观、所含物质和口感都进行了检测对比。

通过检测结果显示：台地茶（人工种植的茶）由于人工种植时定时施肥、定时除虫、养分比较好、叶子很肥大，从外观上看反而更好；而古树茶由于缺少人工管理，尤其这几年由于媒体过度的宣扬导致了过度采摘，结果由于光合作用的不足叶子反而少、根部萎缩，从外观上反而不如台地茶叶子厚实肥大。

从理化成分与矿物质含量来看，老树茶与台地茶各有千秋，更是不能简单、武断地讲谁优谁劣、谁好谁差。老树茶的茶多酚含量明显地高，灰分较低，儿茶素、总糖、寡糖和铁、铜、锰微量元素含量总体上较台地茶的高；而台地茶在水浸出物、氨基酸、多糖和元素硫、磷、钾、钙、镁、锌的含量上明显地较老树茶的高。

再如普洱茶越陈越香的问题。据中国农业科学院产业科学研究所、北京大学中医药现代研究中心等7家单位历时5年完成的研究分析，其结果证实，普洱茶"越陈越香"的说法是完全错误的。专家表示，一般来讲普洱茶保质期也就在10年以内。

> 普洱茶"越陈越香"的说法是完全错误的。专家表示，一般来讲普洱茶保质期也就在10年以内。

那么为什么90%以上的消费者都存在这种错误的认知呢？这是因为古时候的普洱茶都是野生茶，而野生的普洱茶如果不通过发酵等一系列的生产过程及一定时间的陈化，去掉其苦涩的味道，是无法下咽的。于是人们就形成了普洱茶必须陈化的认知。但20世纪50年代以后，由于科技的进步，人类已实现了将古树乔木茶驯化成人工种植的灌木茶（台地茶）。经过驯化的人工种植普洱茶已经淡化了原有野生的苦涩味道，因而也就不需要长时间的陈化了。但是，人们的认知一旦形成（无论正确与否），便很难改变，再加上部分商家的刻意误导，在误区的泥淖里越陷越深就再正常不过了。

当然值得指出的是，台地茶较古树茶农药残留量过高是不争的事实，但并不是所有的台地茶都如此。比如北京联百城投资咨询有限公司多年来与国内部分农业专家合作，成功研发了使用生物酶降解技术种植的"范爷"牌安全、洁净的普洱茶。该茶选用云南大叶种晒青毛茶，在北纬约

21°10′东经99°55′至101°50′之间的中国唯一热带雨林自然保护区西双版纳内种植。其开汤汤色为红酒色或琥珀色，清澈而晶莹剔透；其味如高山韵显，醇厚悠长，轻啜入喉，沁人心脾；无普遍常见的土腥味；冲泡次数比其他普洱增加一倍。经国际权威机构 SGS 和中国农业部茶叶质量监督检验测试中心检验，260 项指标均符合欧盟标准。近年来，凡是品鉴过"范爷"欧标普洱茶的人，已很难再去喝那些农药残留量过高的茶了。在品茶上一向挑剔的欧洲议会发展委员会副主席、欧洲议会欧中友好小组主席内杰·德瓦品鉴了"范爷"欧标普洱茶后，也表示以后喝中国茶，就喝"范爷"欧标普洱茶了。对茶文化颇有研究的九华山佛学院院长、甘露寺住持藏学法师在品鉴了"范爷"欧标普洱茶后，意味深长地说，佛学讲禅茶一味，今天能代表禅茶的恐怕非"范爷"欧标普洱茶莫属了。

互联网时代是信息去中心化时代。面对漫天飞舞的信息，本来就不懂产品的消费者此时已是雾里看花，不辨真假，被忽悠进入误区就在所难免了。所以，好的产品如果不通过互联网手段传播给消费者，错误的信息很容易占领消费者的大脑。

五、你的产品让客户尖叫了吗?

互联网时代是全球共享市场时代,任何一款产品消费者都会有成百上千种选择。所以,如果一款产品不能差异化同类产品,或不能让客户尖叫,就无法吸引消费者的眼球,更遑论购买了。

比如你到饭店去吃饭,即使服务员再漂亮你也不会尖叫。但是当你走进一家餐厅发现是一个机器人给你端着盘子上菜,你觉得你会不会尖叫呢?所以,这一个微创新、一个创意,就能够吸引到众多的消费者关注。

比如厕所餐厅(Toilet Restaurant),是以厕所文化为主题设计而成的餐厅,餐厅用形似尿盆的容器来盛放食物,甚至有类似大便形状的冰激凌供应。就餐者安坐抽水马桶上,津津有味地咀嚼盛在容器里的美味佳肴,不论是谁都会尖叫。

2004年6月,中国第一家厕所主题餐厅出现在台湾高雄;2009年9月,北京地安门地区也出现了此类餐厅。这类主题餐厅自20世纪20年代就风靡英国。英国经济在20世纪20年代出现了下滑趋势。当时,人们提出用创新思维拯救国民经济的策略。

根据英国明泰尔国际集团公司在2001年3月所做的"主题餐厅业调查报告"显示,英国第一家主题餐厅(Hard Rock Café)于1971年在伦敦开张。20世纪90年代，主题餐厅在英国发展迅猛，营业额占了餐饮业的7%。这类餐馆以新、奇、特的概念吸引15至35岁的人群光顾，主题围绕运动、音乐和影视等。

尽管不是所有的人都喜欢猎奇，但总有人喜欢这种文化。由于尖叫会刺激人的大脑，所以不喜欢的人虽然不会去消费，但也会因大脑被刺激而记住这个独特的文化符号。他可能会当作笑谈，但是无意中却帮助这个品牌进行了传播。

六、客户是你的粉丝吗？

先看一则消息：

"过去十年，中国文化产业迎来跨越发展，版权带来的社会影响和经济效益有目共睹。作家榜站在文化最前沿，打造各类榜单迎合受众需求。除了有家喻户晓的作家榜主榜、编剧作家榜、明星作家榜、网络作家榜、外国作家榜和漫画作家榜，今年，随着越来越多的企业家拿起笔，记录商战中的策略，在市场表现也相当不俗，作家榜为此新增了全新榜单——企业家作家榜，全面覆盖文化领域。

"2015年中国作家榜'企业作家榜'发布，榜单显示，2012年至2015年期间，吴晓波、罗振宇、王健林、马化腾、黎万强分列前五，收入

分别为750万元、600万元、415万元、400万元和390万元。

"据了解，王健林、马化腾、黎万强的代表作分别为《万达哲学》《互联网+：国家战略行动路线图》《参与感：小米口碑营销内部手册》。

"而前十五名中，还有李开复、周鸿祎、罗永浩，分别排名第6、8、14名，去年收入分别为380万元、300万元、110万元，代表作分别为《向死而生：我修的死亡学分》《周鸿祎自述：我的互联网方法论》《生命不息，折腾不止》。"（来源：艾媒网）

有人说，这些著名的企业家频频拿起笔来做刀枪，杀进作家圈，不是为赚钱，因为他们每个人早已是身价百亿或千亿元。所以出书对这个群体来说，有超出经济收益的考虑。他们需要在经济效益之外的层面上，寻找价值感。其实我以为恰恰相反，商人重利这是本性，著名企业家们写书当然是为了赚钱，只不过不是为了在他们眼中略显微薄的版税。

互联网时代是粉丝经济的时代，如果你的客户不是你的粉丝，那么产品再好其吸引客户的能力也会较弱。这也就解释了为什么商界大佬们都刻意地要把自己打造成明星，要么写书，要么频频参加各种电视节目，要么和明星客串节目等。

花儿为什么能招蜂引蝶，一方面是因为花儿本身有花粉，很香；另一方面是因为蜂蝶喜欢花香。于是无数蜂蝶成了花儿的粉丝，对其追捧外加膜拜！粉丝经济亦如此。

> 互联网时代是粉丝经济的时代,如果你的客户不是你的粉丝,那么产品再好其吸引客户的能力也会比较弱。

要说到把粉丝经济运用到极致的还当属小米。雷军用了不到四年时间将小米打造成手机行业里的佼佼者,这不仅要为雷军的才学点赞,更得归功于粉丝经济的强大魔力。小米手机粉丝经济的成功,一方面是因为小米手机的低价高配,另一方面是因为有一个核心人物——教父"雷布斯"。"雷布斯"就像小米手机的灵魂一样主导着小米手机的发展和方向。粉丝经济的最大魅力就在于从恋人到恋物,米粉从一开始对雷军的膜拜转为后来对小米手机的疯狂迷恋,而这种迷恋就像着魔一样近乎疯狂。这也就是小米为什么定位为"为发烧而生"。

在小米成立三周年的活动上,雷军就曾感慨地说,成就小米的是30万活跃粉丝,3万铁杆粉丝,而非小米3000位工程师。而今天,小米已经拥有了500万粉丝。

将粉丝效应运用到极致的,当然不止小米。如褚橙,其实客观地讲,褚橙从口感到品种并不是最好的,但却是最受消费者欢迎的。可以说,褚橙的成功,很大程度上得力于运营商深谙消费者心理,精心发掘和深挖农产品背后的故事以及运用名人明星资源的粉丝效应进行跨界合作与借力传播。无论橙子好吃与否,粉丝们其实是被它励志、匠心的故事所感动。

再如刘永好和他的 99 元进口奶粉。自 2008 年中国自产配方奶粉出现三聚氰胺事件之后,中国婴儿的父母们已经不再信任国产奶粉品牌。而美国、新西兰、澳大利亚、德国、荷兰的奶粉则受到中国父母们的一致追捧。尽管中乳协表示国产奶粉抽检合格率达 99%,但家长们纷纷表示奶粉必须万无一失,以国内的需求量来说即便是 1% 的不合格奶粉都会对下一代造成巨大影响。

中国消费者狂扫外国奶粉,致使这些国家的民众对于市场婴儿奶粉紧缺的情况表示担忧,并向政府抗议,迫使各国出台限购令。英国、德国、新西兰的超市和零售商已经开始采取限量购买奶粉的措施。

2015 年 4 月 1 日,新希望集团旗下的四川新希望营养制品有限公司推出原装进口婴幼儿奶粉"爱睿惠",售价只有 99 元(900 克/罐)。著名企业家刘永好现身新闻发布会,向媒体诉说着新希望试水奶粉的初衷。对于如此低的定价,刘永好表示,通过互联网众筹营销,可以免去一级、二级、三级批发销售的利润,同时,与奶农建立长期合作的关系来大批量采购降低成本。更重要的是,刘永好不惜为此款奶粉做代言。

据了解,一罐 900 克装进口奶粉在英国平均售价只有 89 元,荷兰仅 90 元,南非 130 元,澳洲 126 元,日本 147 元,但在中国平均售价接近 400 元。据媒体报道,京东商城众筹的网页查询显示,刚刚上线 1 天,新希望"爱睿惠"奶粉在京东众筹的支持最高、金额最高,市场反响不错。当时的网页显示已经获得 1874 位支持者,众筹金额达到 443267 元,超出 440%,预计销售 4685 罐奶粉。

这就是粉丝的力量，但更是偶像的力量。换言之，中国婴儿的父母们已经不再信任国产奶粉，这种情况下难道国内其他乳制品企业就没看出这是一个巨大商机？当然有很多企业也想到海外去生产或进口一些优质奶粉，但是又怕国内的消费者不认同而不敢造次。

或许有人质疑，中国企业数以千万计，如果每一个企业家都把自己打造成明星，这可能吗？当然不可能。但你有没有可能在一定的区域内、行业内、圈子里把自己变成相对有影响力或有信誉有口碑的人物呢？我认为是可以的。

七、你与客户互粉了吗？

为什么一定要互粉？看下这篇奥巴马2012年总统竞选演讲文章就会明白其中的道理：

"今天，我们正式启动了2012年总统竞选活动。我们之所以用这种方式开始竞选，是因为我们认为，政治不该是昂贵的电视广告或夸张的娱乐表演。而是与你们以及其他人一起，一个街区一个街区地组织，与邻居、同事和朋友们交谈。而这种竞选活动需要花费一定的时间。所以，虽然我忙于你们所赋予我的总统职务，虽然竞选活动最繁忙的日子也不过一年多，我们的竞选基础工作还是得立即启动了。

"我们早就知道，长远的变革从来不会快速轻易地到来。但是，为了确保我的行政团队和遍布全国的伙伴能够保护我们已经取得以及仍将

取得的进步,我们还是需要及早准备,为 2012 年的选举切实动员起来。当深远意义的竞选活动开始之初,我需要你们制定一个比以往任何时候都更具针对性、更具创造性的计划。

"我们将从一些从未做过的事情着手:在每一个州的支持者中间,开展数百万次的一对一谈话,来凝聚老朋友、争取新朋友,为明年的选举做好准备。这将是我的最后一次竞选活动,至少作为一个总统候选人。但是,为我们的家庭、社区和国家带来长远变革的事业,却从来不会系于一人。唯有大家协同努力,这一事业才会成功。随着竞选活动的深入推进,会有更多的事情等待着我们。今天,让我们再明确一下:你们每个人都在帮助开始这项工作,请把这里的信息传递出去。谢谢。"

美国总统竞选是从 1796 年华盛顿告退时开始的。此后,每四年举行一次。选举日定在大选年的 11 月份第一个星期之后的那个星期二。1845 年以前,选举日是定在大选年的 12 月份的第一周。

参加竞选总统的党,首先要建立自己的竞选班子。然后,在自己党内,经过竞争选出本党参加总统竞选的候选人。这项工作通常在大选年的 8 月完成。

美国前驻联合国代表史蒂文森对竞选人的生活做了这样的描写:"每早八点在人前露面,必须容光焕发,精神抖擞,机智洋溢。早餐演说,不但要寓意深远,而且要趣味盎然。一天内要和成百成千的人握手,并多次发表演说。沿途到处和政治领袖洽谈,随时和随从人员商议。有机会就拟稿、思索、看信、读报、接电话,逢人便交谈。

"此外，还得口授函件，接见访客，饮食有度。坐着敞篷汽车，大小城市无处不到。他要始终张口微笑，笑得唇干舌燥，他要不停挥手，挥得肩酸背痛。然后他要满面春风，满怀信心，昂然进入喧闹的大厅：要永远头光脸净，衣着合适，随时准备在电视上出现。"

从这一段的描写，人们足以感受到竞选人的辛苦和艰难。而实际上，竞选人的竞选活动比这还要艰苦。

1948年，杜鲁门为竞选连任，坐着火车横穿了全国16个州，行程3万多英里，在几百个车站发表演讲，有时甚至是站在大雨之中。为了便于随时和选民见面和发表演讲，他还特地在他的车厢后边加了个特大平台，上面安有天篷，用于遮挡风雨；平台上还安有扩音设备。

1896年麦金莱参加竞选时，竞选期间共发表了2500多次竞选演说。有一次，一天之内就发表了23次演讲，真是不辞劳苦。

也许你以为，上述段落描述的都是美国总统选举，与企业家何干？其实不然，政治家与选民互粉，为的是选票；企业家与客户互粉，为的是产品，二者异曲同工。如果企业家真能具备美国总统那样的精神，不遗余力地去与消费者互粉，我敢断言，这样的企业一定基业长青。

我之所以敢下这样的断言，是因为持续不断的互粉行动，带给企业家的收获远远不止让更多粉丝拥戴这一件。

首先,通过互粉可以提升企业家的形象。

你在客户心目中的形象是什么?赌徒?酒鬼?还是创业导师?商界领袖?如果长期囿于自己的小圈子,一个人对形象是不会有太多或太高要求的。但如果频繁出现在公众视野中,任何人都会十分注意自己的言谈举止、一颦一笑。英国著名影星奥黛丽·赫本说:"若要有优美的嘴唇,就要讲亲切的话语;若要有清澈的明眸,要看到别人的长处;若要有傲人的身材,学会把食物分给饥饿的人;若要有优雅的姿态,记住街上的行人不止你一个。"

形象来自修养,修养来自习惯,习惯来自坚持。频繁出席公务活动,势必迫使自己养成良好的习惯。久而久之,良好形象气质便形成了。

其次,丰富你的内涵,锻造领袖气质。

一个举止优雅、妙语连珠、语惊四座、出口成章的企业家,无疑会受到粉丝追捧的。但若想做到这一点,就要从多方面修炼自己。宋代文学家苏轼有诗曰"粗缯大布裹生涯,腹有诗书气自华。"意思是一个人学识丰富、见识广博的话,这样的人不需

> 若要有优美的嘴唇,就要讲亲切的话语;若要有清澈的明眸,要看到别人的长处;若要有傲人的身材,学会把食物分给饥饿的人;若要有优雅的姿态,记住街上的行人不止你一个。

要刻意装扮，就会由内而外产生出一种气质；相反，如果没有内涵的话，不管怎么打扮，都不会显得有气质风度。

据媒体报道，中国人年均读书0.7本，与韩国的人均7本、日本的40本、俄罗斯的55本相比，中国人的阅读量少得可怜。

日本著名管理学家大前研一在其著作《低智商社会》中说：在中国旅行时发现，城市遍街都是按摩店，而书店却寥寥无几。中国人均每天读书不足15分钟，人均阅读量只有日本的几十分之一。中国是典型的"低智商国家"，未来毫无希望成为发达国家！

在这个世界上有两个国家的人最爱读书，一个是以色列，另一个是匈牙利。以色列人均每年读书64本至68本之多。而匈牙利，它的国土面积和人口都不足中国的百分之一，但却拥有近两万家图书馆，平均每500人就有一座图书馆，而我国平均45.9万人才拥有一所图书馆。在中国各地中小城镇最繁荣的娱乐业就要算麻将馆和网吧，即使在高雅的茶馆里，也大都设有麻将室。不知从何时开始，读书似乎已经变成了学者的专利。

在这样的大环境下，劝说一个人，尤其是企业家读书显然是没有效果的。但如果频繁出席社会尤其是商务活动，并且要发表演讲，不用劝学他也会主动读书。

再次，粉丝是较正企业航向的风向标。

粉丝越多,意见和建议就越多。企业家越受推崇,就越要拥有强烈的使命感和责任感。因为粉丝呼声越高的意见和建议,正是企业研发的方向。而企业存在的价值就是精准地满足客户的需求,企业如果只重营销轻品质就必然遭到反噬。

《粉丝力量大》一书指出:"粉丝经济以情绪资本为核心,以粉丝社区为营销手段增值情绪资本,由消费者主导营销手段,从消费者的情感出发,企业借力使力,达到为品牌与偶像增值情绪资本的目的。"诚然,粉丝经济这种被情绪化主导的消费模式,一旦产品或偶像引起粉丝反感,便会造成兵败如山倒的局面。

以小米为例:主打粉丝经济的小米手机早期采取网络直销的模式,辅以饥饿营销的策略,打出性价比最高的名号,迅速收获大量米粉,更是在2012年创下6分5秒卖出10万部小米手机的纪录。但是,火爆之后的小米手机却在2016年突然陷入销量下降的危机,与2015年同期相比降幅超过30%。因粉丝而盛的小米手机,也因粉丝而颓。这是因为,快速迭代的小米手机始终没解决手机发热严重的问题,粉丝的意见得不到解决,掉粉就成为了必然。

从理论上来讲,顾客满意度等于产品实际体验与顾客期望值之差,当这个值为负值时,也就是企业的产品没有达到粉丝的期望时,企业也就没有了留住粉丝的理由。

由此可见,做粉丝经济看起来没有门槛,但实际上门槛很高。想要在竞争激烈的市场中活下来,重营销但更要重产品品质。打铁如果身不硬,粉丝手指在键盘上一划,你就消失了。

第六章
员工（创客）策略转型

一、企业愿景、使命与价值观重塑

二、企业平台化与员工创客化

三、从管理向领导转型

"企"者，即企业去人则止也。所以，人类自进入工业社会以来，选人、用人、留人，一直是企业管理的永恒话题。那么，早在2700年前的春秋时期，管子在齐国转型时，又是如何为齐国选人、用人和留人的呢？

首先，在选人上，他提出的原则是："德义未明于朝者，则不可加于尊位；功力未见于国者，则不可授以重禄；临事不信于民者，则不可使任大官。"（《管子·立政》）用今天的话说就是在任命一切官员时，都必须根据其良好的道德品质与实际的政绩，特别是要有取信于民的真实政绩，而不是虚假的、表面的政绩。

其次，在用人上，他提出："明主之官物色，任其所长，不任其所短，故事无不成，成功无不立。"（《形势解》）说的是，每一个领导者不可以求十全十美的人才，倘若用人之长补人之短，则身旁多有人才；而若求短舍长，天下尽是可弃之庸才。那么如何实现"用其所长"呢？管子又提出："欲知者知之，欲利者利之，欲勇者勇之，欲贵者贵之。"（《管子·枢言》）意思是，想要知识的人，就让他获得知识；想要利益的人，就让他得到利益；想要勇气的人，就使他有勇气；想要高贵的人，就使他高贵。

> 民富则安乡重家，安乡重家则敬上畏罪，敬上畏罪则易治也。民贫则危乡轻家，危乡轻家则敢陵上犯禁，陵上犯禁则难治也。

再次，在留人上，管子在人类社会首次提出了待遇留人与事业留人："国多财则远者来，地辟举则民留处，仓廪实则知礼节，衣食足则知荣辱。"(《管子·牧民》)"凡治国之道,必先富民。民富则易治也,民贫则难治也。""民富则安乡重家,安乡重家则敬上畏罪,敬上畏罪则易治也。民贫则危乡轻家,危乡轻家则敢陵上犯禁,陵上犯禁则难治也。"(《管子·治国》)

管子告诉我们,但凡治理国家的方法,必须首先使百姓富裕起来。百姓富裕就容易管理,百姓贫穷就难以管理。因为百姓富裕就能安心地生活在家乡并且重视自己的产业,这样就能服从领导,敬畏法律。如果百姓贫穷就不安心生活在家乡,就敢于铤而走险违犯法律,如果这样社会就难以管理了。

管子告诫所有的领导者:"凡牧民者,必知其疾,而忧之以德,勿惧以罪,勿止以力。慎此四者,足以治民也。"(《管子·形势篇》)即一个优秀的领导人,首先要关心民众的疾苦,并以悲天悯人之情怀为民众排忧解难。不要惧怕民众有不满情绪而以实施刑罚相威慑,更不要动不动就使用暴力禁止民众的行为。

或许有人会问,2700年后的今天,人类社会已进入了从万物互联到万物智能时代,管子这些经典理论还能成为我们变革的思想指南吗?本人以为,运用现代科技手段践行管子思想,使得《管子》这部光照千秋的先秦政治经济学大典不仅没有过时,反而在企业平台化、员工创客化的转型时代,更加光芒四射。

比如,在选人上,如果我们充分利用互联网建立个人信用档案等机制加以约束,就能够实现管子所提出的把"德"与"业绩"作为衡量人

的同等重要的权重考量，企业就不会发生员工背叛或违反企业道德底线的事。

在用人上，如果我们运用互联网时代已日趋成熟的脑科学测评技术，就能够实现管子所提出的"任其所长，不任其所短，故事无不成，而功无不立"的人尽其才的初衷。

那么，什么是脑科学测评技术？它与传统的人力资源测评区别又是什么？"探索脑的奥秘将使人类更深刻地认识我们自身，并推动人力资源管理传统的选人识人方法与理念的变革。"著名脑区量化测评专家、北京国奥心理医院副院长赵丰于桐如是说。

赵丰于桐介绍，美国早在2013年就发布"脑计划"，欧盟和日本也在2013年和2014年相继发布各自的"脑计划"。面对激烈的国际竞争，中国脑科学家早在2013年就开始酝酿中国的"脑计划"，不断取得进展。而中国"十三五"规划纲要草案已经把脑科学和类脑研究列入国家重大科技项目。

再如，在留人上，我们通过分配模式的变革，在让员工（创客）富裕起来的同时，让每个人找到值得为之奋斗一生的事业，这样的员工不用说留，就是赶恐怕也赶不走的。

在人力资源管理上，如果每个领导者都具有悲天悯人的情怀，为员工排忧解难，何愁团队成员不众志成城呢？

那么，转型时期的企业人力资源变革，要通过怎样的具体方法与路径才能践行管子的"夫争天下者，必先争人"的理念呢？

一、企业愿景、使命与价值观重塑

（一）愿景

愿景就是企业未来远景。愿景主要回答三个问题：

首先是企业的未来是怎样的？一个企业往哪儿走？它未来到底是大还是小？是做鸡头还是做凤尾？是领先还是跟随？这是一个企业的战略定位。

其次是领导者，也就是企业领袖的未来是怎样的？

再次是员工（创客）的未来是怎样的？

不要小看这三个问题，它不仅决定企业的未来，更决定企业拥有什么样的人才。

美国著名职业经理人约翰·斯考利 31 岁时成为百事集团旗下的百事

可乐公司最年轻的市场营销副总裁。亲自组织策划了著名的可乐口味盲测活动,通过一系列凌厉的市场攻势,从可口可乐手中抢得了可观的市场份额。他34岁就成为《商业周刊》封面人物。凭借出色的营销业绩,斯考利更是在38岁那一年成为百事可乐公司史上最年轻的总裁。

斯考利从没想过要离开百事,但命运偏偏让他与乔布斯相遇了。

三次见面之后,尽管斯考利再三表示"我不想去苹果工作,无论薪水多高,我都不想去。"但是乔布斯的一句"你是想一辈子卖糖水,还是想改变世界?"的话,让斯考利无论如何也没能说不。

> **你是想一辈子卖糖水,还是想改变世界?**

愿景不是不切实际的空想,更不是震天动地的口号和标语,而是看得见、摸得着的能够落地实施的战略和终极追求目标。

1981年,杰克·韦尔奇出任美国通用电气(GE)公司CEO,在第一次面对华尔街的金融分析家时,韦尔奇没有谈到大企业家都要谈论的赢利目标、对股东的回报等看起来实实在在的问题,而是描述了未来商战谁将是赢家。

他说,"我们要能够洞察到那些真正有前途的行业并加入其中,无论是在精干、高效,还是成本控制、全球化经营方面,要在自己进入的每一个行业里做到数一数二的位置。因为,如果我们对一项业务的长期竞争力没有有效的解决方案,那么终将有一天业务会陷入困境,这只不过是时间早晚的问题。"

追求"数一数二",这正是 GE 新的战略愿景。在此后的二十年里,这一愿景就像一面旗帜,指引通用电气从当年的美国十强之一,变成最具活力的会"跳舞的大象"。

美国哈佛大学曾经对 100 个年龄、智力、学历基本相同的大学生,做过一次人生目标的调查。结果发现:100 人当中只有 3 个人有明确的、长远的人生目标;有 10 个人有明确的、但比较短的人生目标;有 60 个人只有模糊的目标;还有 27 个人没有目标。

25 年后,哈佛大学对这 100 人进行了回访,结果发现:

那 3% 有明确、长远人生目标的人,他们始终朝着同一个方向不懈地努力。25 年来几乎都不曾更改过自己的人生目标,25 年后,他们几乎都成了社会各界顶尖成功人士,他们中不乏白手创业者、行业领袖和社会精英。

那 10% 有明确、但比较短的人生目标的人,大都生活在社会的中上层。他们的共同特点是,那些短期目标不断地被达到,生活质量稳步上升。他们成为各行各业不可缺少的专业人士,如医生、律师、工程师、高级主管等。

那 60% 只有模糊的目标的人,几乎都生活在社会的中下层面。他们能安稳地生活与工作,但都没有什么特别的成绩。

剩下的27%没有目标的人，他们几乎都生活在社会的最底层，生活都过得很不如意，常常失业，靠社会救济度日。并且常常在抱怨他人，抱怨社会。

这，就是愿景的力量。人如此，企业亦如此。

（二）使命

使命是一个企业或组织存在的目的、意义和理由。宋江上梁山，给梁山英雄带来的最大变化，就是有了使命和追求。一面替天行道的旗帜，指明了梁山英雄好汉的使命，解决了为什么上梁山，未来出路在哪儿的问题。而此前，梁山泊虽然靠忠、义这些所谓的道德准则，接纳了不少走投无路的落难英雄，但"大碗喝酒，大块吃肉，好不快活"的背后，掩抑的是无奈、落寞和看不到未来的惆怅与悲凉。

使命不是企业做大之后才有的,而是企业从诞生那天起就必须要明确的。

早在沃尔玛成立之初，山姆·沃尔顿就提出了沃尔玛的使命——给普通百姓提供机会，使他们能与富人一样买到同样的东西。由此反映出了山姆·沃尔顿的初衷，他预计到普通消费者将成为零售业最大的消费人群，只有抓住他们，沃尔玛才有可能发展壮大。用低廉的商品自然是不可能吸引到这一庞大的消费群，那么以合适的价位提供高质量、高标准的商品才是顾客所需要的，因此商品的性价比就成为了沃尔玛的首要标准。

20 世纪 20 年代，亚历山大·贝尔发明了电话机并创建了贝尔公司。公司创建伊始他就提出了明确的使命——要让美国的每间办公室和每个家庭都拥有一台电话机。20 世纪 80 年代比尔·盖茨创建微软之后，也提出了明确的使命，即要让美国的每个家庭每间办公室都拥有一台 PC。上述这些成功案例，也就解释了为什么同期创业的企业，有的日后成为了跨国企业集团，有的仍然是一棵小老树的根本原因。

（三）核心价值观

价值观是基于人的一定思维感官之上而做出的认知、理解、判断或抉择，也就是人认定事物、辨定是非的一种思维或取向，是一个企业倡导什么、反对什么，我们做什么，不做什么的依据和准则。

企业确立价值观要遵循三个原则：

一是立足长远，要坚持基本的商业信条。商业信条认知出现了错误，企业必将走进死胡同，更遑论基业长青了。

美国"硅谷创业教父"、天使投资人、著名创业孵化器 Founders Space 创始人史蒂文·霍夫曼在其《让大象飞》一书中指出，在低利润的业务中，降低成本是成功的关键，提供奖金能够让员工的工作更为出色，追究工作人员的责任可以减少人为的错误，这是现代企业家普遍信奉的三个商业信条。但是，却没有一条是正确的。

史蒂文·霍夫曼说：首先，在低利润的业务中，降低成本并不是成功的关键。恰恰相反，成本需要考虑，但绝不是考虑的唯一因素，唯一需要考虑的只有创新。

不管高利润还是低利润，产品成功的关键在于为用户解决一个真正存在的问题。这才是创新的精髓。它要求你完全能够站在用户的角度来考虑问题，而不仅仅以为所有的用户都只想要低价。

其次，奖金很重要，但绝不是员工卖命的唯一原因。全世界的老板都相信奖金能激励员工更好地工作。他们不明白的是，给员工奖金后其生产效率获得短暂的提升，但随之而来的就是生产效率的全面下降。

这是因为奖金使员工更关注于在做好某一件工作后个人能获得些什么，而不是做好某一件工作其个人获得的内在回报。那些业绩最好的人并不是为钱而工作，而是因为工作能令他们愉悦。工作是他们自身价值的一部分，而奖金只能葬送这种心理上的原动力。要员工能在工作中体现他们的价值，唯一的方法就是营造一种更加优良的企业文化。

再次，只有失败后不会被追责，员工才敢为公司提出最佳创意。

让人们为错误承担责任只能迫使员工掩盖他们所犯下的错误，这就使得在将来发生错误的概率大增。更好的方式是不再让任何人来承担责任，而是鼓励大家开放地讨论他们所犯下的错误，并且大家一起来做出改变以降低这些错误再次出现的可能性。

史蒂文·霍夫曼的观点告诉我们：商业信条如同农民种田，撒下什么种子必将结什么果。

为了让牛奶更好卖，就掺三聚氰胺；为了让酒的利润更高，就用工业酒精勾兑；为了让粮食产量更高，就过多地使用化肥农药……这些违反道德和法律的商业信条，最终让企业害人又害己。

二是领导人倡导什么，就必须要去推崇并践行之。否则，知行不一或言行不一，其核心价值观必成为看起来很美，却没有人相信的伪价值观。

三是最忌好高骛远。假大空、喊口号。价值观不是口号，而是能够看得见、摸得着、实实在在地能让所有人遵循并践行的理念和思想。

> 商业信条如同农民种田，撒下什么种子必将结什么果。

以同仁堂为例，创建于1669年（清康熙八年）的同仁堂，自1723年开始供奉御药，历经八代皇帝188年。在300多年的风雨历程中，历代同仁堂人始终恪守"炮制虽繁必不敢省人工，品味虽贵必不敢减物力"的古训，树立"修合无人见，存心有天知"的自律意识，造就了制药过程中兢兢业业、精益求精的严细精神。其产品以"配方独特、选料上乘、工艺精湛、疗效显著"而享誉海内外。

炮制虽繁必不敢省人工，品味虽贵必不敢减物力。这两句话是口号

吗?显然不是。不仅不是,而且还非常的朴实。即使是新进企业的员工看到后也会知道自己该做什么,不该做什么。两句朴实的话语都有"不敢"二字,而"不敢"这个关键词则代表着敬畏——敬畏天!敬畏地!敬畏客户!敬畏患者!试想,抱着这样一种敬畏的精神去做人做事,还有什么事情做不好呢?

"医德高尚,医术高超。"这是国内某医院的核心价值观。

"造好药为中国。"这是国内某制药企业的核心价值观。

这两种核心价值观我反复研究了很久,仍搞不清它们在表达什么。

前者让我困惑的是,不知该怎样做才算"医德高尚"?更不知达到什么样的水平算"医术高超"?如果说具有正高以上职称的算是"医术高超",那么,副高职称及以下的医护人员岂不是违背了企业的价值观吗?

而后者则更让人无法理解的是,既然造好药为中国,那造好汽车是不是也为中国呢?如果论点成立,那么全中国的企业都可以以"造好××为中国"作为企业核心价值观了。显然,这种貌似放之四海而皆准的核心价值观根本就是假大空。除了让人不知所措,其结果只能是导致组织的价值观紊乱。

二、企业平台化与员工创客化

2014年9月10日，在天津梅江会展中心全会厅，世界经济论坛新领军者年会——2014年夏季达沃斯论坛开幕，中国国务院总理李克强出席开幕式并致辞，详解了三张施政"清单"：政府要拿出"权力清单"，明确政府该做什么，做到"法无授权不可为"；给出"负面清单"，明确企业不该干什么，做到"法无禁止皆可为"；理出"责任清单"，明确政府该怎么管市场，做到"法定责任必须为"。

也就是在这次主题演讲中，李克强总理向全世界郑重发出了中国要借改革创新的"东风"，在960万平方公里土地上掀起一个"大众创业""草根创业"的新浪潮的号召。并指出"大众创业""草根创业"会让中国人民勤劳智慧的"自然禀赋"充分发挥，中国经济持续发展的"发动机"就会更新、换代、升级。

李克强总理的讲话，犹如一石激水，迅速在社会各界引起强烈反响。有学者指出，大众创业是创新的前提。因为创业是逻辑上的先导，有了创业，形成了浓厚的商业氛围和竞争氛围，创新才能成为竞争的强力需要和全面的自觉行动。而没有创业形成的氛围，创新更多只会是一种国家行动，而不是贝尔、法拉第、比尔·盖茨、乔布斯等曾经的草根阶层

的行为。

也有学者认为,十一届三中全会后,中国农村改革之所以生机勃勃,就是通过实行家庭联产承包责任制,让"千家万户闯市场";今天,我们鼓励千千万万人创业,这势将带动中国新一轮经济"破茧成蝶"。

强大的政策引导及舆论攻势,迅速转化为民众的实际行动。于是,在京、沪、穗、深等一线城市,以及在经济较发达的二、三线城市,各级工商局门口迅速排起了长队,申请注册公司的创业者络绎不绝。

我是举双手赞成"大众创业、万众创新"的学者之一,但我不主张人人办公司。因为不是所有有创业动机的人都适合办公司,更何况任何事情都从头开始是典型的传统经济思维,而在互联网时代,创业也需要有创新意识。

那么,互联网时代创业需要怎样创新呢?我以为可以在以下三方面努力。

1. 现有优势企业要推掉"围墙",将企业打造成创业平台,吸引与本企业发展战略相匹配的项目及创客进入平台创业。

2. 有创业动机的创业者不必自己创办公司,而是携项目寻找合适的平台公司合作,利用对方成熟的管理机制、品牌、渠道及其他资源,在实现自己的创业梦想同时,与平台企业共成长。

3. 外部创业者的介入，势必搅动平台企业平静的一池春水，激活已具有惰性的老员工的创业热情，为平台企业全面实现"企业平台化、员工创客化、客户个性化"的"三化"改革起到积极的推动意义。

案例一：是控股还是参股？是孵化企业还是指挥企业？

拆除围墙、开放办公场所，已经使得西安光机所从理念上和管理上，成为国家真正的开放和创新平台。不过，既然面向国民经济主战场，一系列问题也随之而来：是唯市场还是唯技术？公司发展是由提供了资金和技术支持的西光所说了算还是公司自己说了算？产品创意是从工程师和科研人员判断出发还是从市场需求出发？

西光所的原则有二：对科研人员创业，"参股但不控股"；对于科技成果产业化，"孵化"企业但不"办"企业。所长赵卫对此相当清醒，由于深知研究机构和企业的定位、管理模式不同，深知决策经营并非科研机构的长项，他多次强调，"让研究所去控股企业很容易把企业变成又一个研究所，而不是满足市场需要的企业"。

所以，科研人员与投资方的股份比例，完全按照市场价值分配，西光所并不干预。只是在创新项目发展初期，利用种子基金和天使基金为创业企业提供"第一桶金"；利用孵化器为企业提供物理空间、人力资源、知识产权、法务财务等"全程服务"。而比"不控股"更让企业CEO、COO们感动的还有"不设防"——西光所的科研人员、实验平台和研发设备随时为企业提供研发支持。

正是这种"西光所模式",让中科微光的创始人、"扎针神器"的研发者朱锐自信地说出:"我们做有转化价值的科研,不做以发表论文为目的的科研;我们有很多模仿者,但是有西光所的强大后盾和技术支持,模仿者撼动不了我们的地位。"

"产"对"研"与"学"的反哺也由此而来——扎针神器带来了广泛的应用实践和市场检验,西光所也因此增设并扩展了OCT学科及研究范围。面向市场、了解需求、丰富研究学科、保持科研活力的良性循环得以形成。

按照中科创星孵化器首席科技官米磊的理解,科研人员持股能让创业团队享有决策权;减少行政干预能让企业享有经营自主权。因此,"解放了'脑力生产力',让创新创业的种子在宽松的环境自由成长。现在是市场需求'倒逼'研发,彻底改变了科技成果转化的传统路径。"

企业自由了、学科丰富了,投资方到底赚钱了吗?西科天使基金执行合伙人李浩形容自己与西光所平台的合作是"能投会卖"。截至目前,西科天使基金已完成50个项目近1.2亿元的投资,带动社会投资超过5亿元。其中作为公司发起人发起设立公司13个,第一个机构投资人31个,已协助8个项目公司完成A轮融资,实现了5倍至10倍以上账面增值;另有5个项目正在筹备挂牌新三板。目前,西科天使基金正在筹备三期基金募集工作。

而西光所的新目标,是到2017年培育100家科技企业,为此,已发起新的创业种子资金,并开始建设新的孵化器和产业基地。(来源:国际在线)

案例二：践行习总书记"三个大胆"就是最好的转型

1978年，安徽省凤阳县小岗村18位村民按下手印，搞起"包产到户"。一时惊天动地，但从此拉开了中国农村土地改革的序幕。

2014年，河北承德市如意酒业有限公司的管理者们，运用"互联网+"将企业打造成开放的创业平台，面向全社会招募创业者，再通过分享经济模式，把倍增学应用到市场发展上，同样惊天动地地拉开了传统经济向分享经济转型的序幕。企业转型仅四年时间，聚集在如意酒业平台上的小微组织（实体直营店铺）达万余个，创客（创业者）达120万人，遍布除西藏以外的所有省、市、自治区；跨国合作方涉及斯里兰卡、罗马尼亚、澳大利亚、印度尼西亚等；产品由过去的单一酒品延伸到饮料、米、面、油等日常生活用品。企业先后在上股交、贵阳众筹金融交易所成功挂牌。被清华大学国家服务外包人力资源研究院企业转型课题组授予"大众创业示范基地"；被中国商业联合会授予"商业模式创新实践基地"；被国资委商饮发展中心授予"分享经济实践基地"；被消费日报"质量安全与行业联动创新发展高峰论坛"授予"创新模式"荣誉称号；被第十一届河北品牌节授予"2017年河北名片企业"。公司董事长侯文青被消费日报"质量安全与行业联动创新发展高峰论坛"授予"行业创新领军人物"。新华网、人民网、中国经济网、消费网等千余家媒体都进行过报道。

此外，作为承德市双滦区重点企业，因在纳税、解决就业、精准扶贫等方面表现突出，2017年又被双滦政府授予"区长特殊贡献奖"荣誉。企业不仅大幅度提高了产品销售额（2017年，企业销售收入突破10亿元，上

缴税收超过1亿元，较转型前增长了100多倍），而且参与分享的百万创客中的大多数创客都获得了相当丰厚的收益。

如同小岗村改革之初遭遇到保守势力的抵制和非难一样，如意酒业转型也是颇不平静。那么，如意酒业的转型究竟经历了哪些风风雨雨？其经验对于当下传统经济向互联网转型又具有哪些现实意义和深远意义？2017年5月20日，来自央视网、新华网财经、人民论坛、消费日报、中国网、中国商报、中国商务网、中国警察网、法制新闻网、搜狐、今日头条、人民日报海外版、中国经济时报、中国经济导报、中国贸易报、中华网、中新网等数十家媒体汇聚承德如意酒业，围绕如意洲模式与企业领导、管理学家、法学专家进行了深度对话。

转型是趋势倒逼的

记者：承德市如意酒业有限公司是一家有着二十多年历史的白酒企业，品牌虽然不能和一线品牌相提并论，但发展算是比较平稳。那为什么2014年石破天惊地颠覆了传统的经营模式，转而进入了不可预知的新模式？考虑过转型的风险吗？如果失败了，企业将何去何从？

侯文青（承德市如意酒业有限公司董事长）：如果说小岗村18位村民当年是为了吃饱饭而冒死签下了分田到户的生死状，那么，如意酒业的转型则是为了企业的发展和让几百名员工能长久的吃饱饭而被迫转型的。诚然如您所说，承德市如意酒业有限公司是一家有着二十多年历史的白酒企业，但为什么长了二十年还是一棵小树？根本原因就是观念太陈旧了。

当然我们也清楚地知道，企业转型不是听几次课，参加几次培训就能解决的，而是需要通盘的系统考虑和深入研究。运用系统思维为企业转型升级提供科学和方法论体系，做到领导引领、文化支撑、创新驱动、战略落地，才能最终实现企业商业模式创新和运营模式再造。

我们也知道转型有风险，但更知道不转型只能是死路一条。

"两个讲话"是转型的指导思想

记者：承德如意酒业的转型是以什么理论做支撑？其经营理念又是什么？

侯文青（承德市如意酒业有限公司董事长）：在传统经营模式下，企业与消费者之间的关系从购买产品以后而告终。而互联网背景下，双方的关系则是在购买产品那一刻开始。互联网时代衡量一个企业是否能够走得长久，关键在于企业与消费者之间的关系是一生一次还是一生一世？那么如何能让消费者和企业一生一世在一起呢？传统的B2C2C模式（商家—渠道—顾客），是企业提供网络销售渠道，网店作为消费者，从平台上进货，顾客（终端消费者）购买后，由商家直接发货。但创新B2C2C模式则是：第一，保留线下店铺，吸引顾客注册为消费商；第二，将传统模式下用于推广、广告及渠道建设等费用砍掉，让利给消费商。由于让利幅度大，加之无论是推荐新人或自己再次消费仍可分得红利，于是将消费商凝聚成了一生一世的客户；第三，开放企业平台，吸引消费商成为创客。这就是如意洲模式的经营理念。

其实早在2014年之前我们就在探讨经营模式转型。但由于心里没底

> 市场倍增学又叫几何倍增学，从某种意义上说，它就是一个市场经营工具，如同菜刀，厨师用它做饭，坏人用它行凶。但不能说菜刀是凶器，或拿菜刀的人都是坏人。

始终小步探索。直到李克强总理关于大众创业的号召和"支持分享经济发展，提高资源利用效率，让更多人参与进来、富裕起来"的讲话发表后，才使我们下定决心全面推动转型。尤其是习总书记在十八届五中全会上发表了"要充分尊重群众的首创精神，着眼于解放和发展生产力，放手支持群众大胆实践，大胆探索，大胆创新"的重要讲话后，使我们更加坚定了信念。

倍增学＝传销？

记者：对于承德如意酒业的转型可谓众说纷纭，对此您怎么看？

侯文青（承德市如意酒业有限公司董事长）：承德老酒如意洲创新经营模式的成功转型，不仅引起了各级政府和学术界的高度关注，同时也吸引了无数传统企业前来考察，洽谈合作。

2016年9月，清华大学国家服务外包人力资源研究院企业转型课题组、中国商业联合会和承德市双滦区人民政府，组织专家学者在承德召开了"大众创业背景下的承德老酒如意洲模式研讨会"，人民网、中国经济网、消费网等媒体进行了深入报道。这次研讨会高度评价了如意洲模式是践行大众创业、促进传统企业转型升级的样本，使我们深受鼓舞。

当然，中国不缺乏改革者，更不缺乏整天不干事却指手画脚的人。改开之初，指责小岗村、指责深圳特区的人不在少数，但这些人最终都被证明是错的。为了确保企业合法运营，早在转型之初如意酒业先后邀请了市场监管、司法等部门及法学界泰斗级专家反复论证，其结论均是"既不是传销，也不是直销，而是独创的如意洲模式，完全合理合法"。

胡伟楠（法学专家）：市场倍增学又叫几何倍增学，从某种意义上说，它就是一个市场经营工具，如同菜刀，厨师用它做饭，坏人用它行凶。但不能说菜刀是凶器，或拿菜刀的人都是坏人。

如意洲模式即如此。它与传销模式有以下几个不同：

一是销售的商品不同。传销的产品大多是一些没有价值或品牌，属于质次价高的产品，产品在传销过程中只是一个可流通的道具。而承德老酒是几十年的知名品牌，在国内外均有一定的认知度，物美价廉。

二是加入的方式不同。在传销活动中，传销商在获取从业资格时，一般会被要求交纳高额入门费或购买与高额入门费等价的产品。如意洲模式则以市面平价一次性或累计自然消费380元即为创客。

三是营销理念不同。传销只有首次加入、没有重复消费，文化价值观强调"一劳永逸、一夜暴富"等理念。如意洲模式本质是打造有效的消费者群

体,消费者通过消费体验再自愿的争当创客参与大众创业,文化价值观则始终强调"按劳分配和勤劳致富"的原则。

四是利润分配体制不同。传销靠后补前。即先加入者的提成需要靠后加入者的费用来供给。而承德老酒每一款产品销售后分配给创客的提成都是总利润的一部分,在销售完毕的同时,创客的提成即分配完毕。不需要依靠销售下一个产品去补充该提成。

五是退货机制不同。在传销活动中,所谓的"产品"或缴纳的入门费通常不予退还,参与者的权益无法得到保障。承德老酒如意洲创客可将没有使用过、仍可销售的商品退还给公司。

六是营销管理不同。传销的营销管理很混乱,上线推销员是通过欺骗下线推销员来获取自己的利益,销售报酬并非仅仅来自商品利润本身,而是按发展传销人员的"人头"计算提成。如意洲模式的管理比较严格,创客是不直接跟货款接触,自己的销量由公司统一进行结算,利益分享由公司统一进行分配。

七是根本目的不同。传销的根本目的是无限制地发展下线,仅通过扩大下线来非法牟利。而如意洲模式最终面对的终端用户是消费者,是以进行商品交易,即以销售产品为中心展开所有业务。

通过以上概念、特征及对比,承德如意洲模式完全符合习近平总书记"大胆实践,大胆探索,大胆创新"的指示精神和李克强总理"法无禁止皆可为"的讲话精神,更是对大众创业国家战略的实践!

如意洲模式，生态圈践行传统企业转型

记者：如意洲模式仅仅是个案，还是对于传统企业转型具有普遍的借鉴意义？

范庆骅（管理学家）：回答这个问题，首先要搞清楚什么是传统经济，什么是互联网经济，以及我们为什么要转型等一系列问题。

打个比方：出租车就是传统的经济，网络约车就是互联网经济。因为出租车的经营模式就是整天跑到马路上漫无目地转，乘客是谁不知道，碰到谁就是谁。但是网络约车会知道我的客户是谁，我的客户需求是什么，我会专程为他提供个性化服务。

承德市如意酒业有限公司原本是一个传统的白酒企业，为什么在过去二十多年的发展历程中始终在小企业的圈子里徘徊不前，企业转型仅四年时间，聚集在如意酒业平台上的小微组织（实体直营店铺）达万余个，创客（创业者）达120万人，而且仍在呈不断上升的趋势？关键就在于如意洲管理层果断地将企业由过去的"出租车运营模式"向"网络约车运营模式"进行了转型。

美国著名管理大师普拉哈拉德提出，在互联网时代，企业必须满足用户个性化的需求，才可以实现整体的用户价值，但是如果仅靠企业的自有资源实现不了这一点，因此资源必须依靠外部。如意酒业把所有消费者变成既可以是单纯的消费者，又可以做基于如意洲平台经营酒的创客，完美地实现了企业平台化、员工创客化、客户个性化的华丽转型。

如果说海尔、西安光机所等高新企业的转型，是打造精英人士的创业平台，那么，承德如意酒业则是真正意义上的大众创业、草根创业平台。因此，如意洲模式对于传统企业转型不仅具有样本意义，更具有借鉴意义。（来源：新华网）

三、从管理向领导转型

（一）传统的管理岗位将退出历史舞台

随着企业向平台化、员工向创客化的转型，原有的组织形态被彻底颠覆，组织结构由传统的金字塔形态向倒金字塔形态转型。

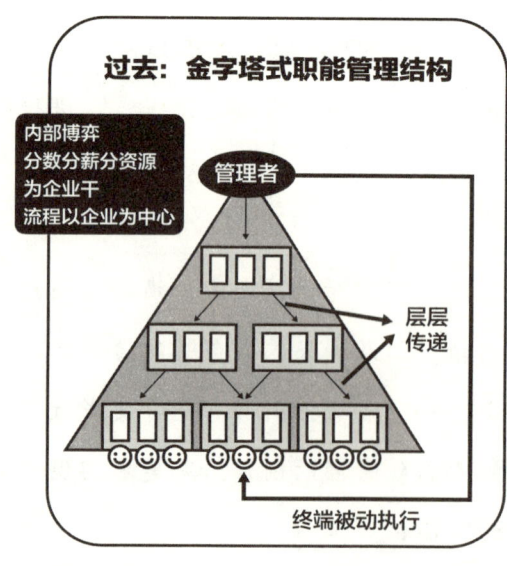
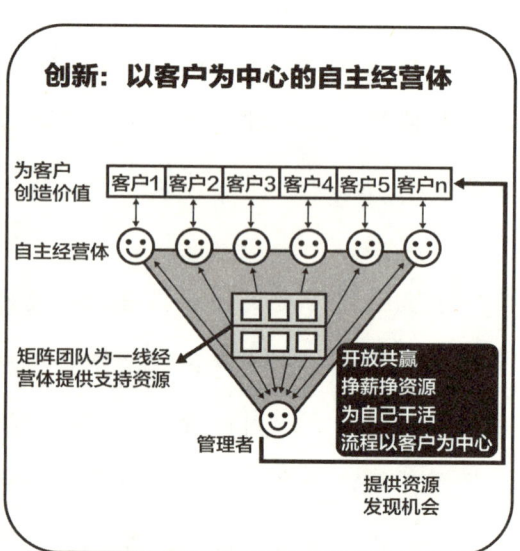

如图所示：在左图这样的传统组织结构中，企业运营是依据领导指令，通过层层传递，最终由一线员工被动执行完成的。但在右图互联网时代的组织结构中，企业运营则是由员工（创客）组成的自主经营体（小微组织），独立面向市场，根据客户需求自主决策。而传统的中层管理者则转型为人力资源、财务、采购供应等方面的资源提供者、服务者。传统组织结构中处在塔尖上的领导者（老板），在新型组织结构中则处在最底端，负责提供平台，发现机会，制定战略。

最好的管理是自我管理。在企业平台化、员工创客化转型中，一线员工（创客）通过组成的自主经营体（小微组织）实现了自我管理，自主经营，自负盈亏，使得传统的以传递最高决策层指令为职能的中层管理者，失去了原有的功能，最终退出了历史舞台。企业实现了外去中间商，内去中间层的根本性转变。

（二）管理者将向领导者转型

一线员工（创客）通过组成的自主经营体（小微组织）实现了自我管理、自主经营后，小微组织负责人便取代了传统管理者而成为新的管理者。但由于小微组织负责人受经验、能力、视野的局限，因而在成长过程中会不断寻求原有管理者即老上司或老板的支持。但又由于小微组织是自主经营、自负盈亏，彼此间的关系已由过去的上下级而变为合作伙伴，因而原有管理者即老上司或老板已不能再像过去那样发号施令，而只能通过引导来培养新的管理者（合作伙伴）。

管理者与领导者最大的不同，在于前者靠发布命令让下属被动执行，

而后者通过言传身教让合作伙伴成长。就如同马群愿意追随头马，不是因为头马好勇斗狠拳脚硬，而是因为跟随头马才会找到丰美草原和甘冽清泉一样。一个出色的领导人之所以有无数人追随，是因为他能让人看到未来和希望。

管子曾在《管子·牧民》一文中指出："御民之辔，在上之所贵。道民之门，在上之所先。召民之路，在上之所好恶。故君求之，则臣得之。君嗜之，则臣食之。君好之，则臣服之。君恶之，则臣匿之。"

这说明，一个组织以什么方式，向什么方向发展，取决于领导。一个组织倡导什么，反对什么，形成怎样的价值观，完全取决于领导者的引领。

（三）成功的领导者必须是培训师

诸葛亮是智者，但不是合格的领导者。他虽自比管仲、乐毅，但与管子不同的是，他不懂得也不注重培养干部。赤壁之战后，刘备集团已拥有关羽、张飞、赵云、马超、黄忠五员大将，但蜀国后期在五虎上将逐一辞世后，却是无将可用，只能由艺不惊人的廖化充任先锋。

卓越的领导人，不在于自己创造出多少惊天地泣鬼神的奇迹，而在于培养、吸引或引领多少能够持续创造奇迹的人才。管子变革齐国，不仅在于有"桓管五杰"的集体领导，使齐国的综合国力日趋强盛，雄起于春秋的东方；更在于其通商工之业，便鱼盐之利（通齐国之鱼盐于东莱，使关市几而不征，以为诸侯利。《国语·齐语》）的政策，从而吸引了华夏各诸侯国的文化、经济、商业等各行各业人才（人民多归齐，齐为大国《国语·齐语》）蜂拥而至，才使齐国持续、稳定、健康地发展了数百年。

近代实业家之父盛宣怀，在主政洋务运动期间，不惜背负"汉奸"之骂名开启中外合资办实业之先河，更在容闳、曾国藩、李鸿章等清末开明官员的支持下实施"留美幼童"计划，为中国进入现代化培养了大批人才。

管子曰："一年之计，莫如树谷；十年之计，莫如树木；终身之计，莫如树人。一树一获者，谷也；一树十获者，木也；一树百获者，人也。"（《管子·权修》）

转型没有终结点，企业因人而兴衰。如果企业家能够成为企业的首席培训师，遵循管子"一树百获者，人也"的理念，培养一代又一代的变革者，企业转型之船将永不沉没。

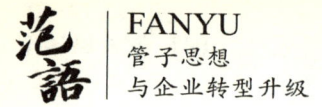

附录
联合创作人简介

侯文青 / 许樱景卉 / 蔺大力 / 吴斌

刘社红 / 赵丰于桐 / 杨权

附录 | 联合创作人简介

侯文青

任职及单位： 承德市如意酒业有限公司董事长
职　　　业： 企业家 / 如意洲模式创始人 / 行业创新领军人物

故　　　乡：河北省平泉市
出 生 年 月：1970 年 4 月
血　　　型：B 型
人 生 追 求：事事敢为天下先
性 格 特 点：咬定青山不放松，任尔东南西北风
兴 趣 爱 好：行万里路，读万卷书
喜欢的季节：春天
喜欢的运动：大成拳
喜欢的菜式：粤菜
喜欢的茶饮：范爷欧标普洱茶、范爷欧标滇红茶
喜欢的酒水：如意洲承德老酒
喜欢的音乐：民乐
喜欢的影视：怀旧
喜欢的名人：管子、范蠡
人 生 格 言：爱拼才会赢
最自豪的事：创造了独特的如意洲模式，在全国率先将企业"围墙"拆掉，转型成平台，吸纳了一百多万外部创业者立足平台创业，让十几万来自民间的草根成为了领导人、演讲家和企业家。

许樱景卉

任职及单位： 三川伟业国际投资控股（北京）有限公司总裁
职　　　业： 企业家 / 古筝演奏家 / 幼教专家 / 歌手

故　　　乡：山西省阳泉市
出 生 年 月：1980 年 4 月
血　　　型：AB 型
人 生 追 求：上得舞台，下得厨房
性 格 特 点：率真
兴 趣 爱 好：旅行、音乐创作
喜欢的季节：春季
喜欢的运动：舞蹈、射击、击剑
喜欢的菜式：日本料理
喜欢的茶饮：范爷欧标普洱茶、范爷欧标滇红茶
喜欢的酒水：如意洲承德老酒
喜欢的音乐：民乐、交响乐
喜欢的影视：豫剧、越剧、黄梅戏
喜欢的名人：西施、孝庄皇后
人 生 格 言：骐骥一跃，不能十步；驽马十驾，功在不舍；锲而舍之，
　　　　　　朽木不折；锲而不舍，金石可镂。
最自豪的事：做企业家中的艺术家，做艺术家中的企业家。

附录 ｜ 联合创作人简介

蔺大力

任职及单位： 北京驴拉磨文化传播有限公司总经理
职　　　业： 企业家
师　　　承： 著名管理学家、文化学者范庆骅二十八弟子

故　　　乡：河北省保定市涞源县
出 生 年 月：1972 年 12 月
血　　　型：AB 型
人 生 追 求：养好驴，种好谷
性 格 特 点：开朗乐观，积极向上
兴 趣 爱 好：爬山、旅游
喜欢的季节：秋天
喜欢的运动：爬山、跑步
喜欢的菜式：川菜
喜欢的茶饮：范爷欧标普洱茶、范爷欧标滇红茶
喜欢的酒水：如意洲承德老酒
喜欢的音乐：经典老歌
喜欢的影视：军旅谍战
喜欢的名人：管子、范蠡
人 生 格 言：为理想而奋斗
最自豪的事：让中国人吃上了通过欧盟 273 项指标检测的驴拉磨小米。

吴斌

任职及单位： 鸣迅智慧（北京）云技术有限公司
喜福德佳（北京）生物科技有限公司
山东鸣迅智能科技有限公司总经理
职　　　业： 企业家
师　　　承： 著名管理学家、文化学者范庆骅二十九弟子

故　　　　乡：山东泰安肥城
出 生 年 月：1978 年 11 月
血　　　　型：O 型
人 生 追 求：一生只做有益于中国人安全的事业
性 格 特 点：乐于交友、乐于挑战不可能
兴 趣 爱 好：书法、音乐、旅游
喜欢的季节：春天
喜欢的运动：散打
喜欢的菜式：粤菜
喜欢的茶饮：范爷欧标普洱茶、范爷欧标滇红茶
喜欢的酒水：如意洲承德老酒
喜欢的音乐：轻音乐
喜欢的影视：《汉武大帝》《亮剑》
喜欢的名人：管子、范蠡
人 生 格 言：坚定信念，理想一定实现
最自豪的事：在让中国人在享受智能家居的同时，又进军安全农业，为让中国人远离农药伤害贡献了绵薄之力。

刘社红

任职及单位： 河北金捷玻璃制品有限公司总经理
职　　　业： 企业家
师　　　承： 著名管理学家、文化学者范庆骅三十八弟子

故　　　乡：河北省邢台市高开区
出 生 年 月：1970年1月
血　　　型：B型
人 生 追 求：为中国的每座城市建造空中景观式玻璃停车场
性 格 特 点：严谨
兴 趣 爱 好：行万里路，读万卷书
喜欢的季节：春天
喜欢的运动：徒步，游泳
喜欢的菜式：冀菜
喜欢的茶饮：范爷欧标普洱茶、范爷欧标滇红茶
喜欢的酒水：如意洲承德老酒
喜欢的音乐：抒情和励志
喜欢的影视：战争片
喜欢的名人：管子、范蠡、邓小平
人 生 格 言：合作共赢
最自豪的事：当同行业都在为玻璃滞销发愁时，创意了景观式空中玻璃停车场，既为中国玻璃在去产能时代找到了出路，也为同行业及过剩产能行业如何转型树立了样本。

赵丰于桐

任职及单位： 北京国奥心理医院副院长
职　　　业： 资深人力资源专家、脑科学测评专家
师　　　承： 著名管理学家、文化学者范庆骅四十一弟子

故　　　乡：山西省阳泉市
出 生 年 月：1981年1月
血　　　型：A型
人 生 追 求：生命的意义
性 格 特 点：随性但不失原则
兴 趣 爱 好：电影
喜欢的季节：春天
喜欢的运动：打坐
喜欢的菜式：晋菜
喜欢的茶饮：范爷欧标普洱茶、范爷欧标滇红茶
喜欢的酒水：如意洲承德老酒
喜欢的音乐：空灵，触动心灵的
喜欢的影视：嘉农
喜欢的名人：管子、范蠡、净空法师
人 生 格 言：守本真心
最自豪的事：通过脑科学测评，让孩子从小确定成长方向，让学生在高考时选准专业，让企业家精准地将合适的人放在合适的岗位上，让每个参与脑科学测评者的人生从此不再迷茫。

杨 权 （别 名：番茄王子）

任职及单位： 阳泉市欧标农业科技有限公司总经理
职　　　业： 企业家、海外学子
师　　　承： 著名管理学家、文化学者范庆骅四十三弟子

故　　　乡：山西省阳泉市
出 生 年 月：1986年4月
血　　　型：B型
人 生 追 求：为中国人种品质最安全、口感最香甜的番茄
性 格 特 点：不以物喜，不以己悲
兴 趣 爱 好：欧标农业
喜欢的季节：秋天
喜欢的运动：游泳，自行车
喜欢的菜式：粤菜
喜欢的茶饮：范爷欧标普洱茶、范爷欧标滇红茶
喜欢的酒水：如意洲承德老酒
喜欢的音乐：经典老歌、世界名曲
喜欢的影视：速度与激情
喜欢的名人：管子，范蠡
人 生 格 言：成功需要沉得住气，耐得住寂寞
最自豪的事：让中国人吃上欧盟标准的番茄。

后记

我以我血荐转型

提笔写这篇后记的时候,我的心情是颇有忐忑的。

我是中文专业出身,又做过多年的记者、编辑,虽然后来转行研究管理学,致力于教书育人,但对文字的追求仍是"铁肩担道义,妙手著文章"的情怀,和"两句三年得,一双流吟泪"的境界。但《范语——管子思想与企业转型升级》这本书,显然担当有之,文字的流畅与唯美则是略有不足。因为本书不是按照传统的写作习惯,秉烛达旦、伏案构思、精心创作而成,而是由近四年来我在全国各地,包括通过直播为上千万名政府官员、企业家、企业管理者做演讲时的录音整理而成。所以文字保持了口语的风格而对文字修饰则不足。

之所以一改过去的创作风格而以录音整理成书,完全来自弟子和朋友们的建议和启发。我的四十一弟子,著名脑科学测评专家、北京天平人力资源网创始人、北京国奥心理医院副院长赵丰于桐就多次跟我说,"仅靠讲座传播转型升级理念是不够的。孔子说，学而时习之不亦说乎。所以，必须要把你的思想整理成书，才能让更多的企业家受益。"我的好兄弟，长春文化产业联合会副主席、华漫兄弟（天津）互动娱乐有限公司总裁李儒奇说："文学作品可以精雕细琢，追求唯美，让读者在细致入微的描述中或喜或悲。但管理图书只要文字流畅通顺即可，因为管理图书传播的是管理思想与理念，给予读者启发和学以致用的。"儒奇兄弟还说："互联网时代变化太快，一切都应小步快跑，与其按传统方式写作，两三年时间雕琢一本书，不如小步快跑创作更多的书，让更多的企业家受益。"

正是在他们的谏言和敦促下，才使我下决心以讲稿成书。

本书的主题是以管子变革思想为理论依据，结合现代成功转型企业的案例解读，系统地以人力资源模式、分配模式、组织模式、盈利模式和资本模式的变革指导中国企业全方位转型升级。当初定下这个课题，的确颇费了些周折。因为许多管理界同仁认为，管子是先秦诸子在当今社会普通民众中最不知名的，怕费力不讨好，研究了半天而企业家不买账。但我坚持认为，在中国古代先贤中，老庄不食人间烟火，光说不练；商鞅李斯以严刑峻法苛政强权，横征暴敛；孔孟重官贱商，专为肉食者服务。著名国学大师魏承思先生曾指出："管子说'礼、义、廉、耻是国之四维''四维不张，国乃灭之'。孔子继承和发扬了管子的这一思想，形成了儒家思想，但是却没有理解管子同时提出的另外一个重要思想'仓廪实则知礼节，衣食足则知荣辱'。孔子既不懂怎样才能让老百姓'仓廪实、衣食足'，也不赞同让老百姓过上富裕的日子，甚至鄙视立志务农经商的人。儒家思想崇尚空谈、追求意识形态，把空谈和意识形态上升到空前的高度，其继承者甚至发展到'存天理，灭人欲'、'饿死事小，失节事大'的地步。"因此，企业转型升级如果以儒家思想作为指南，其结果不言自明。

2015年秋，某省儒商协会请我去作转型升级报告，被我婉言谢绝了。原因是我不认同"儒商"这个说法，也不认同自以为自己是"儒商"的人。因为儒家思想是从骨子里就瞧不起商人，认为无商不奸，可今天却有为数不少的商界"精英"却硬要贴着儒家的冰臀自诩为"儒商"。真是可笑！可悲！可叹！

而唯有管仲，提倡经济变革和富民强国。他不仅是市场经济学的奠基人，更是宽政、顺应民心民意、富民、薄赋敛、统计学、以商兴国、宏观调控、和谐社会、以人为本、绩效考核、末位淘汰、对外开放、招商引资、零关税、承包制、环境保护、法主德辅、以商止战、控制贫富差异、扶贫、信访、婚配、医院、养老等一系列政策、制度的首创者与践行者。而仅凭这些建树，先秦诸子们已不可望其项背，至于后世那些罢黜百家，独尊儒术，甚至阻碍社会进步的腐朽大儒们更是不值一提。

2014年10月13日，中共中央政治局第十八次集体学习。习近平总书记在主持学习时发表了讲话。他在讲话中提到"我国古代就主张民惟邦本、政得其民、礼法合治、德主刑辅"等等，这些都能给人们以重要启示。在习总书记这次讲话中提及的古代治国思想名言，绝大部分均来自于管子思想。

无独有偶，在纪念毛泽东120周年诞辰座谈会上的讲话中，习总书记又引用了《管子·牧民》中"政之所兴在顺民心，政之所废在逆民心"这句不朽之经典格言，并提出"民心是最大的政治"的论断。本人以为，十八大以来，习近平总书记在发表的系列重要讲话中，经常引用古典名句，既体现了总书记的为民情怀，也是对以管子为代表的古代开明先哲思想的肯定。

或许正因如此，魏承思先生才说，自管仲之后中国上百次的社会变革，无不携带着管子思想的基因。魏先生同时认为："《左传》言'太上有立德，其次有立功，其次有立言；虽久不废，此谓不朽。'愚以为，在先秦众多思想家中，能够全面实现此'三不朽'者，唯管仲一人而已。"愚则认为，在当前中国社会转型的历史关头，管子思想更是能够指导中国企业转型升级的理论。

我感谢管子及其《管子》这部光照千秋的先秦政治经济学大典，它是永远把珍贵货物送给子孙后代的思想之船，为当代中国企业转型提供了理念与方法。

我感谢近年来在管子思想与企业转型升级课题研究中，给予我无限关怀和帮助的领导及恩师：著名外交家、中国前驻德国特命全权大使卢秋田，著名经济学家、国家统计局原总经济师姚景源，著名经济学家、国务院西部办原副主任曹玉书，著名社会活动家、外交部原工会主席陈荫三，中国残疾人联合会副主席吕世明，著名外交家、外交部非洲司原司长马志学大使，著名外交家、中国驻瑙鲁共和国原大使崔惠欣，农业部国际合作司原司长冯玉林，商务部投资促进局原副局长张迎新，中央文献研究室秘书长陈维义，中国科学院院士滕吉文，中国科学院院士张懿，吉林修正药业董事长修涞贵，正泰集团董事长南存辉，中国百货商业协会会长楚修齐，清华大学国家服务外包人力资源研究院副院长管连，美国生命大学教授、清华大学访问学者大卫·贝林，著名表演艺术家侯耀华，九华山佛学院院长藏学法师，中国第一个举重博士、国际举重联合技术委员会委员、北京体育大学国家队训练基地主任杨斌胜，山东省旅游发展委员会副巡视员王春生，一带一路亚非投资俱乐部副理事长王元群，河北省委研究室综合二处处长高文华等。陈荫三和姚景源先生还亲自为本书作序，侯耀华先生亲笔题写了书名，这种无限关爱和深情厚谊不仅令我感动，更是深入骨髓，没齿难忘。

我感谢参与本书策划的老师、朋友和弟子们——著名历史学家、山东理工大学齐文化研究院院长宣兆琦教授，著名企业家、河北省承德市如意酒业有限公司董事长侯文青，古筝演奏家、三川伟业（北京）教育科技有限公司董事长许樱景卉，著名财经记者、中央民族大学文学与新闻传播学院硕士研究生导师杨超，著名易学专家、中国专业人才库全国易学考评管理中心主任韩毅，资本奇迹同学联合会（MCA）广州分会会长王淳丰，著名企业家、北京纳琦环保科技有限公司董事长冯泽云，中国农业银行长春市九台区支行行长李铁柱，河北承德国际商贸物流园区管委会主任闫忠昊，重庆般若静舍客栈创办人刘炫臣，杭州浩隆泰液压系统有限公司总经理朱奇，江苏江阴天江药业销售公司副总经理徐光明，北京欣闻印象图文设计中心总经理王彭勋，海尔大学执行校长孙中元，河北省沙河市农商行副行长郭建设，清华大学河南校友会副会长王志余，武警河南总队医院副院长魏从光，青年历史学家、山东省淄博市委党校副教授刘洁，中国保护消费者基金会打假工作委员会秘书长助理张淳等，以及长期关注并支持课题研究的著名脑科学测评专家、我的四十一弟子赵丰于桐，河北金捷玻璃制品有限公司董事长、我的三十八弟子刘社红，北京驴拉磨文化传播有限公司董事长、我的二十八弟子蔺大力，山东鸣迅智能科技有限公司董事长、我的二十九弟子吴斌，阳泉市欧标农业科技有限公司董事长、我的四十三弟子杨权，CT国际联盟创始人、我的三十四弟子赵健发，著名陈氏正骨传人、我的三十九弟子陈炳樵等等。

正是因为有了他们的支持、鼓励和关爱，本书才得以在较短的时间内顺利完成。

中国企业的转型升级正方兴未艾，对管子思想与企业转型的研究也仅仅是开始，接下来的研究任务（如管子思想与商业博弈、管子思想与人力资源开发、管子思想与企业文化建设等）会更繁重，更艰巨。但我坚信，有上述具名、不具名的恩师、友人、弟子们和中国企业家的支持，有视传播管子思想为己任的执著追求，有为中国企业转型升级贡献绵薄之力的使命与责任，管子思想与企业转型升级的研究就一定会结出累累硕果。

范庆骅

2018年1月于北京清林苑